METROPOLITAN

In der gleichen Reihe erschienen:

Das dynamische Duo:
Kunde – Verkäufer
ISBN 3-89623-297-5

Professional Politeness
ISBN 3-89623-262-2

Zielorientiertes
Marketing
ISBN 3-89623-216-9

Vertriebs-Coaching
ISBN 3-89623-261-4

Die Marketing-Konzeption
ISBN 3-89623-237-1

Schnell und sicher entscheiden
ISBN 3-89623-269-X

Praxis-Checkliste
Marketing-Datenbank
ISBN 3-89623-188-X

Wir freuen uns über Ihr Interesse an diesem Buch. Gerne stellen wir Ihnen kostenlos zusätzliche Informationen zu diesem Programmsegment zur Verfügung. Bitte sprechen Sie uns an:

E-Mail: metropolitan@walhalla.de
http://www.metropolitan.de

Metropolitan Verlag, Uhlandstraße 44, 40237 Düsseldorf, Telefon: 02 11 / 6 80 42 15, Telefax: 02 11 / 6 80 20 82

Roland Arndt

Empfehlungs- Management

So sichern Sie Ihren Unternehmens-Erfolg

METROPOLITAN VERLAG

METROPOLITAN *professional*

Die Deutsche Bibliothek – CIP-Einheitsaufnahme

Arndt, Roland:
Empfehlungs-Management : so sichern Sie Ihren
Unternehmenserfolg / Roland Arndt. –
Düsseldorf ; Berlin : Metropolitan-Verl., 2001
(Metropolitan professional)
ISBN 3-89623-280-0 (Metropolitan-Verl.)
ISBN 3-8029-0280-7 (Walhalla-Fachverl.)

Zitiervorschlag:
Roland Arndt, Empfehlungs-Management, Metropolitan Verlag
Düsseldorf, Berlin 2002

2., unveränderte Auflage

Umschlaggestaltung: Gruber & König, Augsburg
Druck und Bindung: Westermann Druck Zwickau GmbH
Printed in Germany
ISBN 3-89623-280-0 (Metropolitan Verlag)
ISBN 3-8029-0280-7 (Walhalla Fachverlag)

Schnellübersicht

Empfehlen Sie uns bitte weiter!

„Empfehlen Sie uns bitte weiter!" Diese freundliche Bitte hört man häufig am Beginn einer Geschäftsfreundschaft. Doch was steht hinter dieser Bitte? Gemeint ist damit Vertrauen und Überzeugung in Bezug auf Qualität und Zuverlässigkeit von Produkt und Dienstleistung.

Die Hans-Günter Berner GmbH (www.h-g-berner.de) hat von Anfang an auf das „Nachfrage-Sog-System" von Horst-Sven Berger in Verbindung mit einem Empfehlungs-Management gesetzt. Und wir sind gut damit gefahren.

Im Mittelpunkt des „Empfehlungs-Management" stehen das Interesse am Kunden sowie Zuverlässigkeit, Vertrauen und Qualität. Schließlich verbindet jeder Empfehler mit seiner Empfehlung seinen eigenen guten Namen. Eine gute Empfehlung bedeutet ein gutes Image zu besitzen. Dafür lohnt es sich, viel zu tun.

Roland Arndt beschreibt in diesem „empfehlenswerten" Buch eine einfache und dadurch besonders wirksame Vorgehensweise, wie man seinen Kunden durch persönliche und fachliche Kompetenz Spitzenleistungen in Bezug auf Qualität, Zuverlässigkeit und Dienstleistung bewusst macht. Es geht hierbei um volle Konzentration beim Aufbau von wertvollen und langfristigen Kunden-Beziehungen, durch Kunden-Nähe und den vier „M" – Man muss Menschen mögen.

Diese vier „M" sind die Grundlagen einer Philosophie von Aufrichtigkeit und Freundschafts-Kultur in der Wirtschaft, wie wir sie in unserem Unternehmen pflegen. Wir definieren unsere Kunden als Geschäftsfreunde und bieten ihnen einen hohen Nutzen und das Gefühl, dass unsere Kunden uns wichtig sind. Wir nehmen uns Zeit für unsere Kunden und hören ihnen zu. Nur so kann eine Mund-zu-Ohr-Energie entstehen. Eine Energie, die eine Mund-zu-Mund-Empfehlung erst ermöglicht.

Vorwort

Nur wer es schafft, diese Energie zu entfachen, wird eine sprudelnde Quelle der Begeisterung auslösen. Das ist keine Utopie, sondern bei uns tägliche Realität. Darüber freuen wir uns bei der Berner GmbH jeden Tag neu. Auf Grund der Verpflichtung zu Qualität und Aufrichtigkeit in der Kundenberatung tun wir alles Erdenkliche, um diese Quelle am Sprudeln zu halten.

Roland Arndt hat in unserem Unternehmen mit seinen Telefontrainings praktiziert, was er in diesem Buch beschreibt. Er schreibt daher aus „Selbst-Erlebtem". Er kann auch Ihnen helfen zu expandieren, denn Empfehlungs-Management ist in jeder Branche möglich.

Nutzen Sie die Tipps und Gedanken dieses Buches für Ihren Empfehlungs-Erfolg. Gehen Sie mit Umsicht und System vor. Wir, die Hans-Günter Berner GmbH sowie viele unserer Geschäftspartner, haben den großen Nutzen des Empfehlungs-Management erkannt und praktizieren es täglich. Vermeiden Sie „Verkaufsdruck", schaffen Sie „Nachfragesog".

Ich wünsche Ihnen viel Erfolg und viele Empfehlungen!

Hans-Günter Berner

www.metropolitan.de

Unternehmenswachstum steigern

Viele Freiberufler, kleinere Unternehmen, aber auch große Firmen wollen möglichst schnell expandieren. In der heutigen Zeit der Chancen gelingt der Sprung an die Spitze nur, wenn man vom Kunden-Management zur aktiven Empfehlungs-Strategie findet. Für einen neuen Kunden per Empfehlung gibt es von den Groß-Unternehmen schon einmal einen Kuli, eine Kaffeemaschine, einen Taschenrechner oder die Chance auf eine Urlaubsreise. Jeder Schritt in diese Richtung beabsichtigt Kundenbindung mit Öffnung der weiteren Kunden-Kontakte für das Kennenlernen neuer Kunden.

Wünschen Sie sich auch mehr Empfehlungen für Ihr Neukundengeschäft und die Sicherung Ihres Unternehmenserfolges? Möchten Sie leichter und schneller wertvolle Kontakte aufbauen, um (Stamm-)Kunden und erstklassige Kooperationspartner und vielleicht sogar besonders geeignete Mitarbeiter kennen zu lernen? Dann haben Sie das richtige Buch gekauft und können sofort Ihren Weg eines erfolgreichen Empfehlungs-Management gehen.

Leider haben immer noch zu viele Unternehmen zu wenig Empfehlungen. Sie setzen alle Hoffnungen auf die klassische (und meist sehr teure) Werbung und vergeben die großen Möglichkeiten der Mund-zu-Mund-Propaganda. Aktuelle Chancen für Spitzenumsätze und Expansion des Unternehmens bleiben so ungenutzt. Denn ein professionelles Empfehlungs-Management schafft sogar kurzfristige Ergebnisse, die teilweise verblüffen und eine neue Anziehungskraft im Markt entstehen lassen.

Empfehlenswerte Produkte und Dienstleistungen setzen im Zusammenhang mit einer gezielten Kundenkommunikation genau an diesem Punkt an und verwandeln den Empfehlungskreislauf – qualitativ und quantitativ – in eine Quelle des dauerhaften Unternehmenserfolges. In der heutigen Zeit spricht niemand mehr von „Kunden finden". Im Mittelpunkt unseres Schaffens steht der „Aufbau langfristiger Kundenbeziehungen".

Einleitung

Es geht darum, Verbindungen herzustellen, zu pflegen und auf Grund von Spitzenleistungen zu multiplizieren. Der Kunde wird Nutznießer und Werbeträger in einer Person und ist der wichtigste Partner „innerhalb" des Unternehmens. Nur wer diese Idee wirklich mit Leben erfüllt und den Weg zum (Neu-)Kunden „mit dem Kunden" sucht, wird für beide Seiten Gewinne erzielen und einen bedeutenden Beitrag zum langfristigen Unternehmens-Erfolg leisten.

Langsam, aber sicher scheint sich auch bei uns ein Bewusstsein für ein erfolgreiches Empfehlungs-Management zu entwickeln. Viele Selbstständige, kleinere und größere Unternehmen, denken ganz neu und gemeinsam mit Kooperationspartnern über diese Erfolgsstrategie nach und veranstalten zum Beispiel firmeninterne Workshops, um zielsicher und schnell diesen äußerst wirksamen und kostengünstigen Weg zum Kunden zu gehen. Nutzen Sie den Workshop-Effekt dieses Buches mit seinen Checklisten, Arbeitsblättern und Coaching-Impulsen.

Dieses Buch will Sie dabei unterstützen, ein neues Empfehlungs-Bewusstsein zu entwickeln und zielsicher eine neue Art von Empfehlungsstrategie als Unternehmenskultur zu etablieren. Das Ziel: Alle Mitarbeiter werden zu „empfehlenswerten Persönlichkeiten" und „verursachen" den Erfolg – jeden Tag gemeinsam mit wertvollen Kunden. Der Kunde wird als „lebendiger" Erfolgsfaktor Ihres Unternehmens ein echter Kooperationspartner. Und auch er ist stolz darauf, empfehlenswerte Produkte und Dienstleistungen weiter zu empfehlen.

Der gezielte Weg zu einem erfolgreichen Empfehlungs-Management wird in diesem Praxisbuch erarbeitet, konkretisiert und mit einer Erfolgssteuerung abgesichert. Viel Erfolg bei diesem Unternehmens-Prozess zum großen Durchbruch und für das Erreichen all Ihrer Ziele, die mit Menschen zu tun haben.

Roland Arndt

Das neue Empfehlungs-Bewusstsein

1

1. Zum gegenseitigen Nutzen

Heute ist der wichtigste Zeitraum unseres Lebens. Und diese Spanne von morgens bis abends gilt es professionell zu nutzen.

Einige Menschen klagen über zu wenig Kunden und Arbeit, andere wiederum fühlen sich total überlastet und haben prall gefüllte Auftragsbücher. Woran das liegt? Nicht immer nur an der Qualität von Produkten, Dienstleistungen und Service. Wir können die besten und gleichzeitig „preiswertesten" Lösungen anbieten, doch es reicht nicht, wenn nur wir darüber informiert sind. Wir müssen es auch unseren (zukünftigen) Kunden bewusst machen. Welche Informationen wir auch immer an Interessenten und Kunden senden, wir allein sind für den Empfang unserer Botschaft beim Kommunikationspartner verantwortlich.

> **Profi-Tipp:**
>
> Mit unseren Kommunikationspartnern übernehmen wir gegenseitig die Regie auf der geistigen und gefühlsmäßigen Leinwand.

Wer sich in jedem Gespräch dafür einsetzt, dass die Botschaft nicht nur gesprochen, sondern erlebt und behalten wird, der verbindet sich mit anderen Menschen zu einem wirkungsvollen „Wir-Gefühl".

Treffen Sie die Entscheidung, alles zu tun, was anderen Menschen hilft, in ihrer eigenen Welt die Hauptrolle zu spielen. Unterstützen Sie andere dabei, mehr aus ihrem Leben zu machen. Unser eigener Erfolg führt immer über andere Menschen zu uns. Wir machen andere erfolgreich, indem wir ihnen Lösungen anbieten. So gelingt es ihnen, ihr größtes Problem zu lösen.

Wenn Sie über den Erfolgsweg „Empfehlungen" in den Markt eintauchen möchten, dann gibt es vorab ein paar persönliche Fragen zu klären.

- Sind Sie selbst der beste „Empfehler", den Sie kennen?

- Gehen Sie als Vorbild voran?

Profi-Tipp:

- Setzen Sie eindeutige Signale in der Gesellschaft, in der Wirtschaft, um mit Ihrem guten Beispiel andere zu motivieren.

- Suchen Sie nach empfehlenswerten Leistungen und Produkten und informieren Sie andere Menschen darüber.

- Geben Sie Tipps weiter. Werden Sie konkret und aktiv. Dadurch schaffen Sie Anziehungskraft für Ihre Person und für Ihr Unternehmen viele Kontakte.

Impuls:

Welche Menschen können Sie mit einem guten Gefühl anderen als Gesprächspartner in Sachen Unternehmenserfolg empfehlen?

....

....

Auf welche Produkte können Sie andere mit einem guten Gefühl hinweisen?

....

....

Welche Buch-Tipps möchten Sie anderen geben?

....

....

Über welche Filme sprechen Sie voller Begeisterung zu anderen?

....

....

Welches Restaurant ist für Sie besonders empfehlenswert?

....

....

Welche Ärzte haben Ihnen besonders gut geholfen, so dass Sie anderen davon positiv berichten können?

....

....

Welche Handwerker haben Sie mit Zuverlässigkeit begeistert?

....

....

Welche Orte empfehlen Sie anderen, wo man nette Leute treffen kann?

....

....

Welchen Finanzdienstleister reichen Sie an Ihre guten Bekannten, Kollegen und Freunde weiter, weil er Ihnen großen Nutzen verschafft hat?

....

....

2. Das kleine Empfehlungs-„Festival" im Alltag

Unsere Welt wird beherrscht von „Abraten und Empfehlen". Schlechte und positive Erfahrungen werden immer weitergegeben.

Beispiel:

Eines morgens fuhr ich meinen Sohn Matthias zu einer Kinder-Spielgruppe. Wir waren die Ersten. Die Frau des Hausmeisters und eine Mutter mit ihrem Kind kamen dazu. Ich entschuldigte meine Frau, die mit unserem Jüngsten beim Hals-Nasen-Ohren-Arzt war. Sofort erkundigte sich die andere Mutter:

„Aber doch hoffentlich nicht bei Dr. Schmidt?!"

„Nein, um Himmels willen", erwiderte ich. „Da hat unser Ältester schon so gelitten und schlechte Erfahrungen gemacht."

„Meine Tochter wäre um ein Haar taub geworden", setzte die Mutter noch einen drauf. „Wenn wir nicht mit ihr zu Dr. Claußen gegangen wären und der sofort operiert hätte ... nicht auszudenken!!"

Ich berichtete von unserer Erfahrung, indem ich hinzufügte: „Und merkwürdiger Weise schreit unser Kleiner bei Dr. Claußen überhaupt nicht. Er spürt, wie gut dieser Arzt mit Kindern umgehen kann."

Die Frau des Hausmeisters ergänzte:

„Uns ging es ähnlich mit den Augenärzten: „Dr. Heldt war nicht in der Lage, mir die richtige Brille zu verschreiben. Immer wieder hieß es, ich solle mich erst einmal an die neue gewöhnen, dann würden Kopfschmerzen und Übelkeit schon irgendwann weggehen. Das dauere eben seine Zeit ... Dann ging ich zu Dr. Martens. Und der hat mir sofort helfen können. Ganz einfach und sehr aufmerksam. Wenn man zu dem geht, hat man gleich das Gefühl, als würde man einen guten Bekannten besuchen, der es gut mit einem meint."

Gerade bei Ärzten greift das Empfehlungs-System, die „Mund-zu-Ohr-Propaganda", besonders wirksam in das Geschehen ein. Es müsste doch für jeden Arzt das oberste Gesetz sein, jeden Patienten so schnell und wirksam wie möglich beim Prozess der Genesung zu unterstützen.

Der Arzt, der seine Patienten ernst nimmt, sich ihnen wirklich zuwendet und dabei hilft, gesund zu werden und vital zu bleiben, wird nach allen Gesetzen der Mund-Propaganda auch weiter empfohlen. In einigen Wartezimmern findet man Spinnweben, in anderen herrscht ein Klima von positiver Erwartungshaltung. Und dies setzt immer auch zusätzliche Heilungskräfte frei. Denn letztlich kann ein Arzt uns nur auf unserem Weg begleiten, gesund zu werden. Das meiste muss der Patient mit positiven Gedanken und der richtigen Therapie selbst beisteuern.

Ärzte dürfen keine klassische Werbung einsetzen wie das Marken-Motto: „Dr. Kraft macht so gesund, gesünder geht's nicht!" Deshalb wirkt das Empfehlungs-System so intensiv im Gesundheitswesen, weil der Nutzen an oberster Stelle steht und auch klar von jedem Patienten erkannt wird. Am meisten sprechen wir Menschen über schlechtes und gutes Wetter, Armut oder Reichtum sowie über Krankheit und Gesundheit. Nutzen wir doch diese großen Chancen, mit Menschen über ihre Sichtweisen und Erfahrungen ins Gespräch zu kommen. Es ist leicht, macht Spaß und schafft Kontakte. Sie wissen doch:

Profi-Tipp:

Ohne Kontakte keine Kontrakte.

3. Es muss einfach gehen!

Es darf nicht länger dem Zufall überlassen bleiben, wie unsere Unternehmen sich weiterentwickeln. Wir haben die Aufgabe, Erfolge zu managen und aktiv in die Tat umzusetzen. Und vor allen Dingen muss es einfach gehen. Vielleicht kennen Sie meinen Slogan:

Profi-Tipp:

Es muss einfach gehen, sonst geht's einfach nicht!

Was einfach geht, können wir leicht mehrfach einsetzen und weiter führen. Ich glaube ganz fest daran, dass die sprudelnde Quelle der Empfehlungen den Grundstein unseres Erfolges bildet. Das ist die Sicherheitsabteilung unseres Unternehmens für die Erfolge in der Zukunft.

Ich selbst arbeite als Trainer, Referent, Coach und Berater auf Empfehlung. Seit ich die Philosophie des Empfehlungs-Management als Grundlage meiner Arbeit betrachte und einsetze, haben sich meine Aufgaben und Terminquoten vervierfacht.

Unsere Sprache, mit der wir anderen das Thema Empfehlung näher bringen möchten, muss einfach und klar sein – so, dass es jeder sofort versteht. Wir dürfen nicht den Intellekt, sondern müssen die Gefühlsebene unserer Mitmenschen ansprechen. Denn:

Was wir von den Kunden erwarten können

- Kunden bringen uns bei anderen ins Gespräch.

- Kunden bitten uns, mit einer bestimmten Person Kontakt aufzunehmen.

- Kunden schaffen ein Klima der Neugier, so dass der andere darum bittet, uns anrufen zu dürfen.

- Kunden sprechen mit uns über Menschen, die sie kennen. Dadurch wird Ihnen bewusst, wem wir ebenfalls Vorteile durch unsere Produkte und Dienstleistungen verschaffen können.

- Kunden werden durch uns inspiriert, anderen Menschen durch einen Tipp etwas Gutes zu tun.

noch: Was wir von den Kunden erwarten können

- Kunden möchten gute Leistungen unterstützen und empfehlen uns deshalb weiter.

- Kunden sind auch nur Menschen, die gern davon erzählen, wen sie alles kennen und mit wem sie uns zusammen bringen können.

- Kunden sind der wichtigste Erfolgsfaktor in unserem Unternehmen.

Impuls:

Denken Sie an Ihre Kunden, an Ihre Zielgruppen, für die Sie sich einsetzen. Und fragen Sie sich:

Welche großen Probleme möchten meine Kunden lösen?

....

....

Welche großen Ziele möchten meine Kunden erreichen?

....

....

Profi-Tipp:

Kunden-Begeisterung erzeugen wir über den Weg der Kunden-Zufriedenheit. Kunden-Zufriedenheit schaffen wir über Persönlichkeit, Fachkompetenz und Dialog-Partnerschaft.

Im Sog der Negativ-Spirale

Wir Menschen haben in unserem kommunikativen Verhalten sehr viele Angewohnheiten, über die es sich lohnt, nachzudenken. Wir sprechen gern über das, was wir nicht wollen. Wir erzählen anderen gern, was bei uns schief gelaufen ist bzw. was uns enttäuscht hat. Negative Botschaften werden häufiger multipliziert als positive: „Bad news are good news." – „Schlechte Nachrichten kommen besser an."

Schlechte Erfahrungen führen in jedem Fall auch zur Mundpropaganda, nämlich meistens in die Sackgasse des Abratens. Wir warnen jemanden davor, das Gleiche zu erleben wie wir. Wir möchten sie oder ihn vor Schaden bewahren. So entsteht immer wieder in unserer Gesellschaft ganz automatisch eine Negativ-Spirale im Bereich Empfehlungs-Bewusstsein.

Warum sind Empfehlungen besonders wichtig für uns? Weil wir wachsen wollen und danach trachten, unser Unternehmen zu vergrößern. Wir möchten mehr Umsatz und mehr Gewinn. Das heißt, wir benötigen mehr Menschen, die wir für uns begeistern, mehr Kunden-Potenzial.

Wie können wir es schaffen, noch intensiver, aber auch leichter, mit Menschen ins Gespräch zu kommen, um unsere Leistungen in ihrem Bewusstsein zu verankern, ja förmlich einzugravieren, so dass sie sich für uns verwenden? Im täglichen Leben gilt es, Chancen zu entdecken und zu nutzen.

Profi-Tipp:

Was wir denken, das strahlen wir an unsere Mitmenschen aus. Was wir ausstrahlen, ziehen wir als Empfehlungs-Impulse in unser Unternehmen.

Wir können in uns und in anderen Menschen eine neue Form von Empfehlung-Bewusstsein aufbauen. Anfangen müssen wir allerdings zuerst bei uns selbst.

Expansion entsteht durch Zuwachs an Kunden. Überall in der Welt finden wir Menschen mit Problemen und persönlichen wie unternehmerischen Zielen. Die meisten Leute sind sich dessen nicht immer bewusst.

4. Das Bild „König Kunde" hat ausgedient

Auch das Geld kommt nur aus einer einzigen Richtung, aus der Richtung des Kunden. Und da das so ist, müssen wir dafür sorgen, dass möglichst viele Menschen zufriedene Kunden werden. Aber nicht mit einem so genannten „Königs-Bild", wo der Kunde auf dem Thron sitzt und gelangweilt den einen Lieferanten gegen den anderen ausspielt und sich dann für einen dritten entscheidet, ohne Begründungen abgeben zu müssen. Das Bild vom „König Kunde" schafft Distanz zwischen Kunde und Verkäufer.

Profi-Tipp:

- Der Kunde als „Partner" schafft Nähe und Wir-Gefühl.

- Ein Partner empfiehlt uns leichter weiter als ein König.

Überall, wo Sie hinkommen, sind Menschen. Wo Menschen sind, existieren auch Ziele. Wo Ziele sind, da wünscht man sich Wege und Schritte, um diese Ziele zu erreichen. Sie müssen das Gespräch nur noch so führen, dass es für beide Partner ein interessantes Gespräch wird. Dann wird man Sie akzeptieren und mit ziemlicher Wahrscheinlichkeit auch weiterempfehlen. Wenn Sie die Fähigkeit erarbeitet und trainiert haben, sich und Ihre Dienstleistung bildhaft, einfach und wirksam vorzustellen, stehen Ihnen alle Türen offen.

Unsere innere Energie, auf andere Menschen positiv zu wirken, muss echt sein. Wir alle haben sicherlich keine große Freude daran, mit Tricks und „Kniff-Rhetorik" überrumpelt zu werden. Wir brauchen eine innere Einstellung, die von Fairness und Respekt gekennzeichnet ist und unsere Persönlichkeit zum anderen transportiert. Der Glaube an sich selbst und an das Gute im Menschen treibt uns an, trägt uns zu weiteren Erfolgen und macht unser Leben lebenswert.

Erwartungen verändern die Wahrnehmung

Sie kennen das vielleicht: Wenn Sie sich ein bestimmtes Auto wünschen, dann sehen Sie diesen Typ viel häufiger auf der Straße, in der Farbe, genau wie Sie ihn am liebsten sofort hätten.

Beispiel:

Als meine Frau schwanger wurde, sahen wir von dem Augenblick an wesentlich mehr Schwangere als zuvor. Im Fernsehen liefen anscheinend nur noch Sendungen über Babynahrung, Schwangerschaftsgymnastik oder Erziehungshinweise. Viele Zeitschriften gaben vermehrt Rat über die richtigen Windeln oder Spielgruppen und Förderung von Frühgeborenen. So erlebten wir es jedenfalls. Die Welt unserer Gedanken hatte dafür das Tor der Aufmerksamkeit und Wahrnehmung weit geöffnet.

Warum? Unsere subjektive Wahrnehmung wurde zur selektiven Wahrnehmung. Das, was uns im Kopf und im Herzen beschäftigt, finden wir in „unserer" Welt wieder, weil wir durch diese subjektiven „Filter" hindurch schauen. Und wenn wir uns mit Menschen beschäftigen, für die wir und die für uns interessant sind, dann werden wir gemeinsam den Weg zu noch mehr persönlichem Erfolg gehen können.

Profi-Tipp:

Positive Erwartungen führen zu vermehrten positiven Wahrnehmungen.

Wenn wir immer nur Negatives erwarten, dann werden wir ganz schnell Signale in der so genannten Außenwelt wahrnehmen, die unsere innere Einstellung bestätigen. Ein Mensch mit einer negativen Erwartungshaltung wird jedes „Vielleicht" des Kunden gefühlsmäßig als „Vorab-Nein" empfinden. Ein Verkäufer, und letztlich sind wir alle Verkäufer, der wirklich an sich glaubt und weiß, welchen Vorteil er seinem Kunden zu bieten hat, der wird im „vielleicht" die eindeutige Tendenz zum „ja" erspüren und dementsprechend konstruktiv das Gespräch fortführen. Also brauchen wir in uns eine Stärke, eine Energie, die uns unangreifbar macht. Wir dürfen niemals anderen Menschen die Macht geben, über unsere Stimmung zu bestimmen. Doch eine Ausnahme gibt es – wenn der andere noch besser gestimmt ist als wir.

Geben Sie niemals einem anderen die Macht, Ihr positives Gefühl zu zerstören. Bleiben Sie immer in Ihrer Sicherheit, in Ihrer inneren Ruhe und Souveränität. Halten Sie Ihre Energie für Ihre Erfolge und geben Sie anderen von dieser persönlichen Stärke ab. Damit erhöhen Sie den Wert jedes Gesprächs.

Im Partnergespräch Ziele erreichen

Mit uns sollte für den anderen irgendetwas besser sein als ohne uns. Allein das Gespräch mit uns kann schon so interessant für unsere Mitmenschen sein, dass es eine große Bereicherung darstellt.

Wir erreichen den anderen in seinen Lebensprioritäten und Zielen, in seiner Vorstellung, in seiner Vision von der Zukunft. Und er selbst kann im Gedankenaustausch gemeinsam mit uns laut denken. Er sitzt endlich jemandem gegenüber, mit dem er wirklich in allen Details darüber sprechen kann.

Beispiel:

Mein eigenes Empfehlungs-Management begann ich vor vielen Jahren mit meinen firmeninternen Seminaren „Zeit ist Geld" und „Zeit-Gewinn-Seminar". Ich rief einige Unternehmen an und erkundigte mich nach der zuständigen Person, die für die Durchführung von Management-Seminaren verantwortlich ist. Wurde ich dann weiter verbunden, so stellte ich mich in Kurzform vor und stellte die Frage: „Haben Sie einen kleinen Augenblick Zeit?"

War die Antwort: „Ja, worum geht's denn?" erklärte ich mit wenigen bildhaften Worten meine zentrale Botschaft als Trainer von Zeit-Gewinn-Seminaren, um einen Termin für ein persönliches Gespräch zu vereinbaren: „In diesem Termin können Sie sich sehr schnell davon überzeugen, wie groß Ihr persönlicher Nutzen durch mein Seminar für Ihren Unternehmenserfolg sein kann. Passt es Ihnen diese Woche am Donnerstag um 10.00 Uhr? Oder wollen wir uns am Freitag um 16.30 Uhr zusammensetzen?"

War die Antwort auf meine Einstiegsfrage nach der Zeit „nein", so hatte ich den drückenden Schuh bereits gefunden: „Herr Müller, genau deswegen ruf ich Sie an. Ich möchte Ihnen helfen, die Zeit für Ihr Unternehmen als Erfolgsfaktor zu gewinnen."

Müller: „Und wie soll so etwas funktionieren bei unserem Stress hier?"

„In einem kurzen persönlichen Gespräch können Sie sich genau davon überzeugen, wie groß Ihre unternehmerischen Vorteile nach einem Zeit-Gewinn-Seminar mit mir als Referent sein können. Passt es Ihnen diese Woche am ...?"

Sehr viele Menschen sind zu einem kurzen Informationsgespräch bereit gewesen. Die Gesprächstermine waren immer interessant. Und jeder zweite Kontaktpartner ist bei mir Kunde geworden – nicht immer gleich mit dem Auftrag für mehrere Seminare. Man buchte mich vorab als Referent für eine Jahrestagung, als Moderator für eine Kundengala, als Coach für die Geschäftsleitung oder bestellte meine Bücher für Führungskräfte, Mitarbeiter und Kunden als Motivation und Strategie-Unterstützung. Der Kontakt war schnell zur Beziehung geworden, das Empfehlungs-Management optimal vorbereitet.

Bis hierhin waren meine Kontaktgespräche in erster Linie auf das jeweilige Unternehmen fixiert, um dort mit einem Workshop Zeit-Effektivität und somit mehr Unternehmenserfolg zu erzeugen. In den durchgeführten Seminaren brachten wir dann die zeitlichen Aufgaben-Vernetzungen innerhalb des Unternehmens auf den Punkt. „Wer macht was mit wem bis wann?" wurde in einem Tag erarbeitet und mit neuen Impulsen für ein ganzheitliches Zeit-Management effektiv und effizient erarbeitet. Durch den anschließenden Coaching-Service behielt ich den Kontakt zu den Firmen.

Im nächsten Schritt ging es mir dann um die zeitlichen Vernetzungen mit den externen Partnern dieser Firmen wie Lieferanten, Kooperations-Gesellschaften, Geschäftsfreunden und speziellen Kundengruppen. Hier waren in fast allen Fällen im Laufe der Jahre in der Kommunikation immer wieder Engpässe, Missverständnisse und Verzögerungen entstanden, über die nur am Telefon mit dem jeweiligen Partner des Unternehmens per „Reklamation" gesprochen wurde. Man wollte in Zukunft bemüht sein, sich besser abzustimmen. Aber in der Vergangenheit blieb es meist bei Lippenbekenntnissen. Außerdem, wer sollte denn mit den anderen Unternehmen sprechen? Meist waren die Spannungen sowieso schon groß genug, und man gab sich mit dem „Effizienz-Spatz" in der Hand zufrieden. Hier setzt das Empfehlungs-Management an:

Empfehlungs-Management

- Jeder Mensch ist wie eine Tür zu anderen Menschen.

- Jedes Unternehmen ist wie eine Tür zu anderen Unternehmen.

- Voraussetzung ist, die anderen öffnen diese Tür von ihrer Seite besonders gern.

- Dafür zu sorgen, dass wir die anderen Menschen und Unternehmen kennen lernen, ist die Hauptaufgabe – als Unternehmer, Führungskraft und Mitarbeiter.

5. Empfehlungsfaktoren für Ihren Erfolg

Die Empfehlungs-Erfolgs-Faktoren für Ihr Empfehlungs-Management gelten nicht nur für Sie, sondern für jede Führungskraft und jeden Mitarbeiter im Unternehmen.

Empfehlungsfaktoren

Ihre „empfehlenswerte" Persönlichkeit

Ihre „empfehlenswerten" Produkte

Ihre „empfehlenswerte" Dienstleistung

Ihr „empfehlenswerter" Service

Ihr „empfehlenswertes" Kontakt-Netz

Ihr „empfehlenswertes" Empfehlungs-Management

Die „empfehlenswerte" Persönlichkeit

2

1. Der Kreislauf wirksamer Kommunikation

Die Produkte, Dienstleistungen und auch der Service allein reichen nicht aus, um auf höchster Ebene erfolgreich weiter empfohlen zu werden. Die Menschen, die sich in den Prozess der Zusammenarbeit einbringen, sind von großer Bedeutung. Das kennen wir alle: Wir sind oft eher bereit, auf einen kleinen (Preis-)Vorteil freiwillig zu verzichten, als uns von einem unfreundlichen Artgenossen „maßregeln" zu lassen und nicht genau zu wissen, was nun wirklich im Service enthalten ist.

Eine empfehlenswerte Persönlichkeit löst spontan ein gutes Gefühl im anderen aus, weil sie ein gutes Gefühl sich selbst gegenüber zum Ausdruck bringt. Wer also mit dem Rohstoff der Empfehlungen die Erfolgsleiter nach ganz oben gehen möchte, der braucht nur damit zu beginnen, an sich selbst etwas zu verbessern. Denn sonst, so heißt es, arbeitet das Schicksal an ihm.

> **Profi-Tipp:**
>
> - Wer nicht mit der Zeit geht, der muss mit der Zeit gehen.
>
> - Wer nicht die Sicherheit in sich selbst besitzt, der wird sie auch nicht im Außen finden.
>
> - Wir dürfen nicht die Menschen umgehen, wir müssen lernen, mit ihnen gut umzugehen.

Die Quelle des Empfehlungs-Erfolges wird auch für Sie fließen. Aber nur, wenn die Leistungen empfehlenswert sind. Der Kunde in der heutigen Zeit hat eines immer und überall bei sich, nämlich seine Erwartungshaltung. Und wenn wir seine Erwartungen nicht erfüllen, lösen wir eher negative Mundpropaganda aus. Wenn wir seine Vorstellungen von unserer Person mit bestimmten Vorteilen für ihn sogar übertreffen, dann werden wir ihn begeistern und (fast) automatisch über ihn andere Menschen und Unternehmen kennen lernen.

Wir wirken auf andere Menschen mit Worten, mit unserer Stimme und mit unserer Körpersprache. Mit diesen drei „Rohstoffen" erzeugen wir Eindrücke und Bilder im Denken des Gesprächspartners. Diese Bilder setzen spontan Emotionen frei, die sämtliche Entscheidungsprozesse bestimmen. Verschiedene Eindrücke werden zu Wahrnehmungen. Der Kreislauf wirksamer Kommunikation in persönlichen Gesprächen baut sich auf:

Kommunikationskreislauf
Worte (7 % Wirksamkeit) + Stimme (38 % Wirksamkeit) + Körpersprache (55 % Wirkung) –
werden Eindrücke/Bilder –
Bilder werden Emotionen –
Emotionen werden zu Entscheidungen –

2. Was macht Sie sympathisch?

Wenn Sie auf andere Menschen sympathisch wirken, dann kann es sein, dass Ihr Gesprächspartner in Ihnen etwas erkennt, was er an sich selbst mag. Oder aber Sie erinnern ihn an eine andere Person, die er schätzt. Bei Sympathie und Antipathie scheint es sich also nur um ein Spielchen zwischen Bewusstsein und Unterbewusstsein zu handeln. Denn im ersten Augenblick einer menschlichen Begegnung sehen wir durch unsere Wahrnehmungsfilter der Erwartungshaltung hindurch und bewerten sie spontan in Bruchteilen von Sekunden. Wir erkennen bestimmte Muster im anderen, die zu unserem Bild von der Welt passen. Und schon haben wir das

Gefühl, den anderen einschätzen zu können. Dann packen wir ihn in eine Schublade und warten, bis er sich so verhält, dass wir ihn wieder hinaus lassen. Das geschieht aber nicht so schnell, wenn es überhaupt passiert.

Um sympathisch zu wirken brauchen Sie sich nicht zu verstellen. Bleiben Sie in Ihrer Mitte. Konzentrieren Sie sich auf Ihr Gegenüber und führen Sie das Gespräch mit dem Gedanken:

Profi-Tipp:

- Jeder Mensch ist als Individuum einmalig.

- Wenn zwei Menschen sich unterhalten, dann ist auch diese Kombination einmalig.

- Dadurch werden Gespräche interessant und lebendig und erhalten ein wunderbare Basis.

Impuls:

Wer ist Ihnen besonders sympathisch? An wen erinnert Sie diese Person?

....

....

Was finden Sie an sich besonders sympathisch?

....

....

3. Freundlichkeit bringt Sie weiter

Niemand lässt sich heutzutage ungestraft unfreundlich behandeln. Das Klima in einigen Besprechungen lässt immer noch zu wünschen übrig. Es gibt Zusammenhänge zwischen der kommunikativen Atmosphäre eines Meetings und den erzielten Ergebnissen. Das Diskutieren über gegensätzliche Meinungen kann persönliche Gespräche fördern und Ergebnisse hervorzaubern, die beim „Zurückhalten" eines Partners mit seiner ehrlichen Sicht der Dinge keine Chance gehabt hätten. Aber die Unfreundlichkeit, mit der Kunden in einigen Unternehmen behandelt werden, grenzt an Geschäftsschädigung. Ist Unfreundlichkeit in dieser Überdosis für Sie ein Kündigungsgrund?

Gehen Sie freundlich auf Ihre Mitmenschen zu. Fast alle Leute fühlen sich besser, wenn sie mit einem ehrlichen Lächeln angesprochen werden.

Profi-Tipp:

- Wenn Sie freundlich und fair sind, können Sie alles sagen, was Sie sagen möchten.

- Wer freundlich zu anderen Menschen spricht, tut sich selbst etwas Gutes.

Impuls:

Wie drücken Sie Ihre Freundlichkeit aus?

---

4. Verfügen Sie über Charisma?

Einige Menschen glauben fest, dass Charisma angeboren ist, dass es dem einen oder anderen unveränderbar in die Wiege gelegt wurde. Charisma wird wahrnehmbar, es strahlt von innen (unserem Denken, unserem Fühlen) nach außen (Stimme, äußere Erscheinung und Körpersprache). Charisma schafft Anziehungskraft. Wir sprechen aufwertend von einer charismatischen Persönlichkeit, die faszinierend und erfolgreich wirkt.

Eine innere Balance wird erfahrbar, und wir fühlen uns in der Gesellschaft einer Person mit Charisma einfach wohl. Sie dient oft auch als Vorbild und verkörpert die Qualität von Glaubwürdigkeit. Machen Sie aus sich den besten Gesprächspartner, den Sie sich und anderen wünschen.

Befragen Sie die Menschen, die Sie gut kennen, über Ihre Ausstrahlung. Schätzen Sie selbst Ihr Charisma ein. Wenn Sie Einzelheiten finden, die Sie gern in Ihrer Persönlichkeit verankert hätten, arbeiten Sie an sich, indem Sie sich selbst und andere anzunehmen lernen.

Profi-Tipp:

- Charisma bedeutet Freude zu erleben, in der eigenen Haut zu stecken.

- Mit Charisma wirken Sie überzeugend und ziehen Menschen und Chancen an.

- Charisma ist ein bedeutender Karrierefaktor.

Impuls:

Wie beschreiben Sie Ihr Charisma?

....

....

Welche Menschen haben für Sie ein besonderes Charisma?

....

....

Was können Sie von diesen Persönlichkeiten lernen?

....

....

Was bedeutet Ihnen Ehrlichkeit?

Warum lügen sich viele Menschen immer wieder aufs Neue durchs Leben? Warum lassen sich viele Menschen immer wieder belügen? Irgendwann bricht die Wahrheit in voller Blüte ans Tageslicht und bereitet vielleicht mehr Probleme, als wenn wir von vornherein fair und ehrlich gewesen wären. Meinen Sie, dass man Ehrlichkeit lernen kann? Aber sicher, wenn wir die Vorteile der Wahrheit erkennen und sie nicht in irgendeiner Lügenabteilung suchen. Ein wirklich selbstbewusster Mensch lebt vermutlich ungern mit kurzfristigen Pseudo-Vorteilen durch Lügen, sondern lieber langfristig mit der Wahrheit und echter Zuwendung anderer Menschen.

Müssen Sie vor jedem Gespräch genau überlegen, was Sie beim letzten Mal „erlogen" haben, um den Anschluss zu finden? Oder sprechen Sie spontan zu Ihren Mitmenschen mit einem guten Gefühl und mit Offenheit, auch dazu bereit, mit dem anderen „laut zu denken"?

Profi-Tipp:

Ehrlichkeit schafft Empfehlungs-Bewusstsein.

Impuls:

Ihr Ehrlichkeits-Programm privat:

....

....

Ihr Ehrlichkeits-Programm beruflich:

....

....

Sind Sie seriös?

Erleben Ihre Mitmenschen Sie als ernsthaft und anständig? Denn nicht mehr bedeutet es, seriös zu sein. Sich an Gesetze zu halten, Absprachen einzuhalten und Produkte und Dienstleistungen zu vertreten, hinter denen Sie voll stehen, weil sie den Menschen einen Nutzen bieten. Präsentieren Sie Ihren Kunden Ihre Leistungen, statt sie zu bevormunden, in der Form, dass Ihre Kunden motiviert werden, notwendige Entscheidungen aus einem guten Gefühl heraus selbst zu treffen.

Impuls:

Woran spürt Ihr Kunde Ihre Seriosität?

....

....

Wirken Sie gepflegt?

Wir sprechen heute von einer „gepflegten" Erscheinung. Damit meinen wir, dass jemand gut gekleidet ist und einen sauberen Eindruck macht. Er riecht neutral bis gut, seine Haare sind in Ordnung, und auch Fingernägel und Schuhe zeichnen ihn als „gepflegt" aus. Stellen Sie sich vor einen großen Spiegel. Und los geht es:

Impuls:

Woran erkennen andere Ihre gepflegte Erscheinung?

....

....

Was können Sie noch verbessern?

....

....

Können Ihnen Ihre Mitmenschen vertrauen?

Mit Vertrauen geht alles schneller und einfacher. Aber Vertrauen wird nicht automatisch erzeugt, es muss „aufgebaut" werden. Wir brauchen Signale für den Entwicklungsprozess von Vertrauen. Menschen, die auf ganz schnelle Entscheidungen drängen, weichen diesem Prozess aus. Die beste Voraussetzung für Vertrauen in uns selbst ist erst dann gegeben, wenn es beim anderen „ankommt" und sich dort zum gegenseitigen Vertrauensfaktor vernetzt.

Profi-Tipp:

■ Vertrauen ist der Glaube an etwas, für das es keine Beweise gibt.

■ Beweisen Sie Ihrem Kunden, dass er Ihnen zu Recht sein Vertrauen geschenkt hat. So wird er im Bereich Empfehlungen zum „Wiederholungstäter".

Impuls:

Wie erzeugen Sie Vertrauen bei Ihren Gesprächspartnern?

....

....

Welche Beweise erhält Ihr Kunde, dass er Ihnen vertrauen kann?

....

....

Sind Sie absolut zuverlässig?

Können sich die Menschen Ihres Umfeldes 100-prozentig auf Sie verlassen? Gilt Ihr Wort, das Sie jemandem geben? Diese Voraussetzung schafft Erfolg in der zwischenmenschlichen Kommunikation wie kaum eine andere Fähigkeit. Sich in die Augen schauen, den Handschlag als Zusage akzeptieren zu können, das produziert Empfehlungs-Bewusstsein.

Und so wird auch die Information oft mit einer Zusatzformulierung weiter gegeben: „Auf Herrn Mann können Sie sich verlassen." Oder die Worte: „Das verspreche ich Ihnen." Welch gutes Gefühl entsteht aus diesem Satz in uns, wenn er mit ehrlicher Zuwendung eingesetzt wird, und genau das eintrifft, was uns zugesagt wurde.

So entstehen langfristige Beziehungen im Geschäfts- und Privatleben.

> **Profi-Tipp:**
>
> ■ Zuverlässigkeit bedeutet: Wort = Tat.
>
> ■ Lösen wir mit unseren Worten unsere Taten ein, so fördern
>   wir Empfehlungs-Bewusstsein.
>
> ■ Ein zuverlässiger (Geschäfts-)Freund bedeutet Sicherheit im
>   Leben.

Impuls:

Woran spürt der Kunde Ihre Zuverlässigkeit?

....

....

Wie können Sie oder Ihre Mitarbeiter Ihre Zuverlässigkeit weiter
steigern?

....

....

Sind Sie menschlich?

Der Begriff Menschlichkeit dringt wieder häufiger an unsere Oh-
ren. Oft mit dem Appell, dass die anderen (wer auch immer das
sein mag) sich menschlicher verhalten sollen. Es scheint, als leben
wir in einer Welt der „Opfer". Wir fordern von unseren Mitbür-
gern, dass sie uns so akzeptieren, wie wir sind. Aber beim ersten,
der von uns anerkannt werden möchte, scheitern wir bereits. Denken Sie einmal darüber nach, woran das liegen kann. Es gibt nur

den einen, ganzheitlichen Menschen, der jederzeit alle Erfahrungen, Wünsche, Enttäuschungen, Befindlichkeiten, Ziele und sämtliche menschlichen Vernetzungen mit sich herum trägt. Und diese Gesamtheit ist es, die unsere Menschlichkeit ausstrahlt und die wir Charisma nennen.

Profi-Tipp:

Ist der Mensch für die Wirtschaft da oder die Wirtschaft für den Menschen? Wir können die Menschen nicht verändern. Aber wir können verändert mit ihnen umgehen. So können wir uns alle miteinander positiv weiterentwickeln.

Impuls:

Was bedeutet für Sie Menschlichkeit?

....

....

Was heißt das für Ihr Denken und Handeln?

....

....

Sind Sie konsequent?

Setzen Sie sich konsequent für die Vorteile Ihrer Kunden ein? Konsequent sein wird meist immer noch mit „hart sein" verwechselt. Das Wort „konsequent" bedeutet „folgerichtig". Wenn wir Konsequenz einsetzen, dann gehen wir in der richtigen Reihenfolge vor, um Erfolg „erfolgen" zu lassen. Konsequenz ist professionell, gleichzeitig allerdings auch eine Charaktereigenschaft, weil wir unseren „ISH-Faktor" (Innerer Schweine-Hund) zu überwinden haben. Niemand von uns ist perfekt. Niemand wird es je werden. Wir können aber eines erreichen: Jeden Tag ein wenig besser zu werden. Gemeinsam mit unseren Kunden wird es uns gelingen, diesen Prozess konsequent zum Erfolg aller zu steuern.

Profi-Tipp:

- Ein inkonsequenter Mensch hat in seinem Leben die meisten Konsequenzen zu tragen.

- Fragen Sie sich: Werden Sie laufend gestört? Legt man Ihnen immer wieder bestimmte Aufgaben auf den Tisch, die nichts mit Ihren Prioritäten zu tun haben? Könnte es sein, dass Sie ausstrahlen, mit Ihnen könne man so umgehen?

Impuls:

Wer in Ihrem Umfeld nutzt den Erfolgsfaktor Konsequenz?

....

....

Wie möchten Sie Ihre Konsequenz steigern?

....

....

Haben Sie ausreichend Energie und Energie-Reserven?

Wir brauchen viel Energie für jeden neuen Tag. Auftanken kostet ein wenig Zeit und die Bereitschaft des Loslassens. Vielen Menschen fällt es besonders schwer, einmal nichts zu tun, nur so da zu sitzen und die Batterie wieder aufzuladen. Nehmen Sie sich diese Momente der Entspannung und erleben Sie, wie Ihre Energie wächst und wächst. Werfen Sie die Last ab, die wir so manchem „nachtragen". Denn wer anderen etwas nachträgt, der hat die Gewichte auf seiner Seite.

Auch Mental-Power benötigen wir unser Leben lang. Machen Sie mentales Training. Besuchen Sie ein entsprechendes Seminar und nutzen Sie die dann erworbenen Fähigkeiten, Ihre Gedanken und Gefühle neu zu ordnen und ein Vielfaches an Ideen in Ihr Leben zu ziehen. Füllen Sie Ihre Energiespeicher für Ihre persönliche Leistungsfähigkeit auf. Strahlen Sie Ihre Energie auf andere Menschen aus und geben Sie ihnen davon ab. Seien Sie mit Ihrer guten Laune verschwenderisch. Je mehr Sie geben, desto mehr werden Sie bekommen.

Profi-Tipp:

- Mental-Power macht Sie reich durch Ideen und Einsatzbereitschaft.

- Körperliche Vitalität erhöht Ihre Ausdauer und Ihre energetische Ausstrahlung.

Impuls:

Wie möchten Sie zukünftig Ihre Energie-Reserven auffüllen?

....

....

Wie können Sie anderen Menschen in Ihrem Umfeld Impulse für mehr Energie geben?

....

Sind Sie selbstbewusst?

Auch der Begriff „Selbstbewusstsein" wird oft mit einer Art Arroganz, Überheblichkeit oder Egoismus verwechselt. Dabei steht die Fähigkeit im Mittelpunkt, sich seiner Persönlichkeit „selbst-bewusst-zu-sein". Dahinter verbirgt sich der Weg der Selbsterkenntnis über den Pfad von Selbstachtung und Selbstbefreiung. Es geht darum, seine eigenen Stärken zu erkennen, um sie laufend weiter zu stärken. Also lernen wir uns selbst intensiver zu entdecken, kommen uns selbst über andere Menschen noch näher.

Profi-Tipp:

Nur wenn Sie sich selbst annehmen, können Sie auch andere Menschen akzeptieren.

Impuls:

Was verstehen Sie unter Selbstbewusstsein?

....

....

Was tun Sie für die Steigerung Ihres Selbstbewusstseins?

....

....

Stärken finden und vermitteln

3

1. Fragenkatalog:
Ihre persönlichen Stärken

Nutzen Sie den folgenden Fragenkatalog, um sich über Ihre individuellen Stärken ein Bild zu machen und Strategien zu entwickeln, Ihre Persönlichkeit weiterzubringen. Bedenken Sie auch: Vermeintlich kleine menschliche Stärken entscheiden oft über das Gefühl des Kunden, gern mit Ihnen zu kooperieren und Sie aktiv weiter zu empfehlen:

Sind Sie geduldig?

Wie zeigt sich Ihre Geduld im Gespräch und in der Zusammenarbeit mit anderen?

....

....

Wie können Sie Ihre Geduld in diesen Bereichen noch weiterentwickeln?

....

....

Ist Ihre Stärke die Kontakt-Begeisterung?

Beweisen Sie Ihre Kontakt-Begeisterung:

....

....

Was tun Sie, um Ihre Kontakt-Begeisterung weiter zu steigern?

....

....

Können Sie gut zuhören?

Wie genau hören Sie im Augenblick Ihren Gesprächspartnern zu?

_____

_____

Wie lässt sich Ihrer Meinung die Kunst des Zuhörens weiter verbessern?

_____

_____

Sind Sie ein aufgeschlossener Mensch?

Für welche Themen sind Sie bereits aufgeschlossen?

_____

_____

Für welche Themen könnten Sie sich noch mehr öffnen, da diese vielleicht für den Kunden besonders interessant sind?

_____

_____

Sind Sie fachkompetent?

Beweisen Sie Ihre Fachkompetenz:

_____

_____

Wodurch können Sie Ihre Fachkompetenz weiter optimieren?

_____

_____

Besitzen Sie Persönlichkeitskompetenz?

Beweisen Sie Ihre Persönlichkeitskompetenz:

....

....

Wie steigern Sie Ihre Fähigkeiten, mit Menschen umzugehen und erfolgreich im Team zu arbeiten?

....

....

Haben Sie Verständnis?

Beweisen Sie Ihr Verständnis für andere Menschen:

....

....

Sind Sie ein hilfsbereiter Mensch?

Beweisen Sie Ihre Hilfsbereitschaft:

....

....

Wem könnten Sie noch heute oder gleich morgen Ihre Hilfsbereitschaft anbieten?

....

....

Sind Sie ein wertvoller Gesprächspartner?

Wem sind Sie ein wertvoller Gesprächspartner? Und wodurch?

....

....

Wie können Sie den Wert Ihrer Gespräche noch erhöhen?

....

....

Um noch besser Ihre persönlichen Stärken zu entdecken und daraus Ihre individuelle Erfolgsstrategie zu entwickeln, hier noch ein paar weitere Impulse für Sie:

Impuls:

Wie bleiben Sie immer höflich und respektvoll?

....

....

Woran spürt Ihr Gesprächspartner Ihre innere Ruhe?

....

....

Welche Rolle spielt für Sie Ihre Selbstdisziplin?

....

....

Welche Ihrer eigenen Leistungen begeistern Sie am meisten?

....

....

Stärken finden und vermitteln

Welche positiven Formulierungen verdeutlichen Ihren Optimismus?

....

....

Welche Stimmung vermittelt Ihre angenehme Stimme?

....

....

Welche Aussagen trifft Ihre Körpersprache?

....

....

Was tun Sie, um für andere ein Vorbild zu sein?

....

....

Wie signalisieren Sie Ihre Verschwiegenheit?

....

....

Wie strahlen Sie Erfolg und Dankbarkeit aus?

....

....

Wie drückt sich Ihr Humor aus?

....

....

Wie transportieren Sie täglich Ihr professionelles Vorgehen?

....

....

www.metropolitan.de

Wie arbeiten Sie besonders nutzenorientiert für Ihre Kunden?

....

....

2. Überzeugen Ihre „empfehlenswerten" Produkte?

Was immer Sie auch produzieren, es wirkt sich auf Ihren Erfolg im Bereich der Weiterempfehlungen aus. Als Strategieberater und Mitglied der Beratergruppe Strategie (EKS) fällt mir immer wieder auf, dass das Pferd von hinten aufgezäumt wird. Management und Führungskräfte sitzen in kostspieligen Meetings zusammen und setzen neue Umsatz-Ziele, sprechen über Vertriebsaktivitäten und kümmern sich einfach zu wenig um den Nutzen für den Käufer.

Empfehlungsmessung per Überschlagmethode

Jeder Kunde, der mit einem Produkt unzufrieden ist, bedeutet Risiko. Das lässt sich ganz einfach verdeutlichen, indem wir die Quantität im Empfehlungs-Resultat per Überschlagmethode betrachten. Ein enttäuschter Kunde empfiehlt Sie auch weiter, allerdings als Warnung, Ihre Produkte nicht zu erwerben, und zwar spricht er ca. 12- bis 15-mal über seine negative Erfahrung zu anderen Menschen. Ein Kunde der Güteklasse „Fan" berichtet seinem privaten und beruflichen Umfeld von seiner Erfahrung mit Ihren Produkten leider nur ca. 3- bis 5-mal.

Nun stellen Sie sich vor, dass acht von zehn Kunden sehr zufrieden damit sind, bei Ihnen Kunde zu sein. Dann sind das in der Hochrechnung ca. 8 x 5 = 40 Empfehlungen. Die beiden Kunden mit negativer Erfahrung rufen maximal insgesamt 2 x 15 = 30 negative Botschaften in den Markt. Hier liegt die Gefahr! Wir denken, dass 80 Prozent Kundenbegeisterung zum großen Erfolg reichen würde. Das ist ein Trugschluss, wie die Rechnung zeigt. Das Ziel könnte also sein, 100 Prozent Kundenzufriedenheit zu erzeugen, mit allen Möglichkeiten, die sich Ihnen bieten. Und wenn in den genannten Meetings genau das im Mittelpunkt stehen würde, dann wären die vielen Stunden auch gut angelegt.

Kundenbegeisterung darf sich nicht im stillen Kämmerlein äußern. Wenn der Kunde es seinem Hund erzählt oder sich damit seinem Tagebuch anvertraut, haben Sie nur sehr wenig davon. Finden Sie heraus, was genau Ihre Kunden über Ihre Produkte denken, welche Erfahrungen sie im Praxis-Einsatz damit machen. Stehen Sie Ihrem Kunden zur Seite und nutzen Sie seine Meinung für die Weiterentwicklung Ihrer Verkaufsangebote in Richtung Lösungen mit Komplett-Service. Niemand interessiert sich heute für ein im leeren Luftraum stehendes Produkt. Es geht stets um die Sicherheit für beide Seiten.

Profi-Tipp:

- Der Kunde wünscht sich die Sicherheit, mit dem Produkt einen Partner erworben zu haben, der ihm zur Seite steht, falls er Fragen hat.

- Unternehmen und Verkäufer wünschen sich die Sicherheit, dass der Kunde und nicht das Produkt wieder kommt.

Es sei denn, der Kunde kann das Produkt in Zahlung geben, um aus einer Begeisterung heraus weiterhin Kunde zu sein. Produkte sind nur selten ein Selbstzweck, das Endziel eines Kunden liegt meist viel weiter entfernt!

Beispiel:

Mit einem Auto möchte der Kunde das Fahrgefühl erleben, an bestimmte Orte reisen und vielleicht andere Menschen damit beeindrucken.

Mit einer Versicherung möchte er vermutlich eine Absicherung erwerben oder dafür sorgen, dass er im Alter über mehr Geld verfügt, also Sicherheit für den dritten Lebensabschnitt erreicht.

Aus einem Seminar möchte er sich Anregungen holen, irgendetwas in seinem Leben besser zu gestalten, etwas dazu zu lernen oder den Weg nach oben auf der Karriereleiter weiter zu beschleunigen.

Produkte sind nicht mehr, aber auch nicht weniger als Zielerreichungs-Module. Sie sollen helfen etwas zu bewirken, was für das Leben des Einzelnen von Interesse ist. Achten wir bei uns und anderen immer darauf, dass wir uns vom reinen Produkt-Denken hin zu einer Dienstleistung entwickeln, die allen Beteiligten im Leben eine echte Bereicherung auch für später bietet.

3. Fließender Übergang: Vom Produkt zur Top-Dienstleistung

Sie wollen mit Ihrem Produkt am Markt erfolgreich sein. Daher ist es notwendig, Ihr Produkt zu einer Top-Dienstleistung zu machen. Nur so ist Ihr Produkt für Ihre Kunden so attraktiv, dass sie es auch gerne weiterempfehlen möchten.

Machen Sie sich ein paar Notizen dazu:

Attraktives Aussehen des Produktes (Farbe, Größe, Form, Material usw.):

Stärken finden und vermitteln

Lebensdauer des Produktes (Haltbarkeit, Garantie, Umtauschrecht usw.):

....

....

Umweltfreundlichkeit des Produktes (sparsamer Verbrauch, Belastung für die Umwelt, Wiederverwendbarkeit usw.):

....

....

Optimales Preis-Leistungs-Verhältnis:

....

....

Kundendienst (24-Std.-Service, Wartungsvertrag, Garantieleistungen):

....

....

Unternehmens-Kultur (Freundlichkeit, kulante Reklamationsbearbeitung, Zuverlässigkeit):

....

....

Individuelle Betreuung (auch vor Ort):

....

....

Kunden-Seminare, Jahrestagungen, Tag der offenen Tür:

....

....

Kunden-Befragungen für Innovationen:

Qualitäts-Management mit kontinuierlichem Verbesserungsprozess:

Kooperationen für noch mehr Leistung und Markt-Präsenz:

Kunden-Clubs, Aufbau von Geschäftsfreundschaften:

Kunden-Zeitung, E-Mail-Info-Letter:

Empfehlungs-Management:

Unternehmens-Leitbild, Unternehmens-Philosophie:

Stärken finden und vermitteln

Fachkompetenz der Mitarbeiter im Unternehmen:

....

....

Persönlichkeitskompetenz der Mitarbeiter im Unternehmen:

....

....

Profi-Tipp:

Kein Einzelner von uns ist so klug und erfahren wie wir alle zusammen.

Ihr Unternehmens-Leitbild

4

1. Besitzen Sie ein Unternehmens- Leitbild?

Viele Unternehmen nutzen für ihre Erfolge immer noch zu wenig die Kreativität und die Persönlichkeiten ihres ganzen Unternehmens. Jeder Mitarbeiter, jede Führungskraft, jeder Geschäftsführer und Unternehmer hat gewisse Stärken, die bisher vielleicht noch nicht genügend gefördert wurden. Betreiben Sie ein Förderprogramm in Ihrem Unternehmen, das Ihnen hilft, dieses Kapital zu finden. Es könnte sich um eine Schatztruhe handeln, die sich für Sie lohnt, um endlich den großen Durchbruch Ihrer Firma zu erreichen.

Ideenreichtum verlangt nach Management. Die besten Ideen nützen wenig, wenn sie sich in „verschlossenen" Menschen befinden. Oft halten Mitarbeiter ihre Vorschläge zurück, weil sie Angst haben, nicht ernst genommen zu werden, ja vielleicht sogar das Gefühl haben, sich damit zu blamieren.

„Blamiere Dich täglich", ein Satz von Reiner Kreutzmann (Schönherr Bindesysteme), der bestimmt nicht dazu auffordert, sich täglich immer wieder aufs Neue von anderen auslachen zu lassen. Auf der anderen Seite, wenn ich von Tag zu Tag damit leben könnte, mich auch einmal zu blamieren, ohne gleich mein Selbstbewusstsein zu verlieren, dann gehe ich mit Sicherheit mutiger mit Ideen und Menschen um. Das schafft Ergebnisse. Und auch Fehler sind (Zwischen-)Ergebnisse. Immerhin erfahren wir, wie es nicht geht. Wer Fehler nutzt, lernt schneller und schafft Erfolge aus der Praxis.

Profi-Tipp:

Lieber unperfekt gehandelt, als aus lauter Angst vor Fehlern perfekt aufgeschoben.

Zusammenführung von Kunden und Mitarbeitern

Des Weiteren steht für ein Unternehmens-Leitbild die Vernetzung von Kunden und Mitarbeitern als bedeutende Aufgabe auf dem Plan. Wenn Kunden und Mitarbeiter vertrauensvoll zusammenarbeiten, dann klappt es mit der Mundpropaganda wesentlich besser. Dadurch entstehen wertvolle Beziehungen, die den Arbeitsalltag erhellen. So macht Zusammenarbeit Freude. Und was Spaß bereitet, das wiederholen wir gerne und oft, stimmts?

Nachfolgend finden Sie in Kurzform einen Vorschlag für ein Unternehmens-Leitbild, das Mitarbeiter, Kunden und Kooperationspartner lesen und verstehen können. Die Idee: Weg von zu viel Theorie, hin zu wenigen zentralen Gedanken, die mit Begeisterung von Mitarbeitern umgesetzt werden können und den Kunden sofort als „empfehlenswert" auffallen.

Anregungen für Ihr individuelles Unternehmens-Leitbild

- Im Mittelpunkt unserer Arbeit steht der größtmögliche Nutzen für unsere Kunden. Mit unseren Produkten und Dienstleistungen tragen wir dazu bei, dass sich die Lebensqualität unserer Kunden erhöht. Dazu sind wir bereit, „durch die Brille des Kunden" eine Lösung seiner Probleme anzubieten und ihm zu helfen, mit unserem Unternehmen seine Ziele schnell und sicher zu erreichen.

- Durch unsere Gespräche mit unseren Kunden entsteht Begeisterung auf beiden Seiten für den Aufbau einer langfristigen Beziehung. Kunden und Mitarbeiter arbeiten vertrauensvoll zusammen. Dadurch sichert sich der Kunde viele Vorteile. Unser Unternehmen erreicht ein gesundes Wachstum und schafft laufend weitere Arbeitsplätze, um noch mehr Kunden noch besser zu betreuen.

- In unserem Unternehmen setzen wir täglich einen kontinuierlichen Verbesserungs-Prozess (KVP) um. Dadurch erzie-

> len wir einen besonders hohen Qualitätsstandard für unsere Kunden. Unser fachliches Know-how und unsere Sozialkompetenz geben unseren Kunden jederzeit das gute Gefühl, mit unserem Unternehmen den richtigen Partner gewählt zu haben.
>
> ■ Als „Mit-Unternehmer im Unternehmen" bringt sich jeder Mitarbeiter mit seinen Stärken ein. So steigern wir gemeinsam unsere Anziehungskraft im Markt und sorgen durch unser Empfehlungs-Management für die Erreichung unserer Unternehmensziele.
>
> ■ Wir machen unsere Kunden zu begeisterten Kunden. Das ist unsere Unternehmens-Philosophie und tägliche Herausforderung. Neue Kunden lernen wir überwiegend über unsere Kunden kennen. Neue Mitarbeiter werden uns durch unsere Mitarbeiter empfohlen. So expandieren wir auf hohem Niveau zum Vorteil aller Beteiligten.

2. Empfehlungs-Impulse sammeln

Werden Sie zum Regisseur Ihrer Gespräche, indem Sie den Gedankenaustausch bewusst anregen und durchführen. Gehen Sie in jedem Gespräch zielbewusst voran. Sammeln Sie Impulse für neue Kontakte. Das belebt jedes Gespräch und verschafft Ihnen einen professionellen Vorsprung.

Unter Empfehlungs-Impulse verstehen wir sämtliche Hinweise, die uns der Gesprächspartner auf Menschen gibt, die er kennt. Sie sitzen beispielsweise im Büro des Kunden und sein Telefon klingelt. Er meldet sich und es stellt sich heraus, dass es sich bei dem Anrufer um einen seiner Kooperationspartner handelt. Diese Information merken Sie sich bzw. notieren Sie sich mit einem kurzen Stichwort: „Herr Müller, Kooperation, rief an".

Wichtig: Sprechen Sie mit Menschen über Menschen, die diese kennen. Interessieren Sie sich für das Kontakt-Universum Ihrer Gesprächspartner. Je mehr Sie an Informationen sammeln, desto leichter kommen Sie in den nächsten Terminen auf das Thema Empfehlung zu sprechen. Es muss das Selbstverständlichste auf der Welt sein, über Empfehlungen zu sprechen. Aber wir sind verpflichtet, intensiver wahrzunehmen, welche Botschaften in den Äußerungen des anderen enthalten sind. Überall und in jedem Gespräch, das wir führen, können wir etwas lernen. Wir werden niemals zwei identische Unterhaltungen erleben. Jeder von uns ist einmalig.

Kommunikation ist spannend. Sie stellt den Mittelpunkt unseres Erlebens dar; denn auch die Kommunikation mit uns selbst lässt Spielräume und Veränderungen zu. Jeden Tag können wir etwas anders machen als am Tag zuvor. Mit ein wenig Mut, Flexibilität und Spontaneität bereichern wir jeden Gedankenaustausch.

3. „Kontakt-Fitness" – eine Lebenseinstellung

Es gibt sehr viele Menschen, die sich so gut wie gar nicht um Aufträge bemühen müssen. Alles scheint wie von Geisterhand zu gehen, wie von selbst. Und wenn man dann mit diesen Leuten an einem Tisch sitzt und sie näher kennen lernt, dann fällt einem bei genauer Wahrnehmung auf, dass sie intensiver kommunizieren als andere. Sie strahlen ihre Zuwendung aus. Sie stellen den anderen und ein bestimmtes Thema in den Mittelpunkt des Gespräches. Sie geben dem anderen das gute Gefühl wichtig zu sein und zeigen ihm sein Interesse.

Ich saß vor kurzem mit einem Unternehmer zusammen, der mir in aller Offenheit ein Problem beschrieb. Einer seiner bisher besten Führungskräfte versagte seit einigen Monaten bewusst oder unbewusst die von ihm gewohnte Spitzenleistung und daraus erwachsenden Erfolge. Im Unternehmen traute sich niemand, diese Führungskraft darauf anzusprechen. Einer hatte es versucht, wurde allerdings sofort in seine Schranken verwiesen. Unser Gespräch fand nach einer Tagung statt, die ich vor 280 Außendienstlern moderierte. Wie es so üblich ist, sitzt man nach dem „großen" Tag noch zusammen und spricht nicht nur über das, was gewesen ist, sondern ebenfalls über das, was noch erreicht werden soll bzw. wo ein anderer Schuh drückt. Das Gespräch nahm wie folgt seinen Lauf:

Reden bringt Lösungen – ein Gespräch

Unternehmer: „Herr Arndt, das war ein toller Tag, Kompliment für Ihre Leistung. In jeder Pause habe ich mein Ohr ans Geschehen gehalten ... nur positives Feedback der Teilnehmer. Für mich steht jetzt schon fest, dass wir Sie auch im Herbst auf unsere Hauptversammlung wieder als Hauptreferent einladen werden!"

Arndt: „Sie haben sicherlich gespürt, Herr Schneider, welche Freude es mir macht, Ihre Mannschaft zu motivieren. Auch für mich war der Tag eine echte Bereicherung. Was, meinen Sie, werden Ihre Mitarbeiter als erstes aus meinen Impulsen in den Alltag transportieren?"

Unternehmer: „Ihre Hinweise zum Empfehlungs-Management. Sie haben konkrete Wege aufgezeigt, die man nur noch nachzugehen braucht. Ich kann mir gut vorstellen, dass meine Leute auch eine neue Einstellung zu ihren Kunden entwickeln. Der Kunde als Partner – klingt verdammt gut, hat zu tun mit Gleichberechtigung."

Arndt: „Das ist mir mit der wichtigste Aspekt in meiner Arbeit. Der größte gemeinsame Nenner ist doch, dass wir alle Menschen sind, mit Fehlern, Stärken, Wünschen und Zielen. Und wenn wir uns gegenseitig dabei unterstützen, unsere Ziele schneller und sicher zu erreichen, dann haben alle etwas davon. Wie sieht es bei Ihren Zulieferfirmen und sonstigen Kooperationspartnern aus? Sprechen Sie mit denen auch über das Thema Unternehmens-Leitbild?"

Unternehmer: „Gar nicht bis selten. Im Mittelpunkt der Termine stehen meist Produktentwicklungen, Preise und Liefertermine. Wir haben auch kaum Einblick in deren Führungskultur. Aber durch Ihre Frage, Herr Arndt, wird mir bewusst, dass wir oft im Falle von Reklamationen an die Führungskraft des Sachbearbeiters weiter geleitet werden. Zuerst haben wir uns nur gewundert oder an Zufall gedacht. Nach dem Motto: Herr Klein ist wohl gerade nicht am Platz oder hat seinen freien Tag. Aber dann passierte es, dass wir die Strategie dahinter erfuhren. Und die lautet: Wenn zwei Mitarbeiter der jeweiligen Unternehmen sehr häufig miteinander Kontakt haben, dann neigt man angeblich zur Über-Kulanz. Im Klartext: Weil zwei Menschen guten Kontakt haben, gibt der eine dem anderen einen großen Vorteil, der finanziell ins Eingemachte gehen kann."

Arndt: „Schönes Beispiel. Und genau das ist der Vorteil für beide, die freundschaftliche Verbindung. Aber es gibt Unternehmen, in denen darf sich eine zwischenmenschliche Stärke nicht entwickeln, weil man davon Nachteile erwartet. Ich habe einen Unternehmer kennen gelernt, der hat seinen Mitarbeitern sogar verboten, sich während der Arbeitszeit mit „du" anzureden. Selbst wenn sie verwandt sind, sollten sie gegenüber dem Kunden so tun, als kennen sie sich nur oberflächlich. Bei dieser Art Unternehmenskampf fühlen sich Mitarbeiter kaum wohl. Und das in unserer heutigen modernen Zeit. Da hat fast ein „König" im Unternehmen eine Anweisung erteilt, die den einzelnen Menschen umgeht, ihn zum Spielball degradiert."

Unternehmer: „Sie sprechen mir aus dem Herzen. Aber, was will man dagegen tun?"

Arndt: „Was könnte Ihrer Meinung nach der erste Schritt sein?"

Unternehmer: „Man müsste sich vielleicht mit den Führungskräften treffen und in einer Art Basis-Termin diese Dinge beim Namen nennen. Was wollen die wirklich erreichen? Wie führen sie im Detail ihre Mitarbeiter ergebnisorientiert? Wissen Sie, Herr Arndt, Ihr Motto: Es muss einfach gehen, sonst geht's einfach nicht, das ist genau das, was wir unseren Kooperationspartnern unterbreiten möchten. Es geht nicht darum, die Abwicklungen noch komplizierter und damit Kopf-gesteuerter umzusetzen, sondern einfacher, flexibler und mit spontan erkennbarem Kunden-Nutzen zu praktizieren. Nur, wer soll das in den Unternehmen anregen und zum Thema machen? Das weiß ich noch nicht."

Arndt: „Wer käme da in Ihrem Hause in Frage? Wem trauen Sie das zu?"

Unternehmer: „Keine Ahnung. Wahrscheinlich muss ich das wieder selbst in unseren Meetings „erbetteln". Aber irgendwie kann es das wohl nicht sein, oder wie sehen Sie das, Herr Arndt?"

Arndt: „Das sehe ich genau so. Sie haben die Aufgabe, Ihre Führungskräfte zur Selbst-Aktivierung zu motivieren, nicht die „Bittsteller-Strategie" zu fahren. Da fällt Ihnen sicherlich noch etwas Besseres ein, davon bin ich überzeugt."

Unternehmer: „Was halten Sie von der Idee, dass Sie das Gespräch führen? Sie sind als Externer viel besser für diesen Prozess-Start geeignet und könnten aus meiner Sicht auch bei unseren Kooperationspartnern einen kontinuierlichen Verbesserungs-Prozess starten."

Arndt: „Wenn Sie die Idee in diesem Augenblick gut finden, dann sollten wir sie prüfen. Herr Schneider, worin liegt für Sie der Vorteil, wenn ich diese Aufgabe übernehme?"

Unternehmer: „Wenn Sie das übernehmen, Herr Arndt, dann weiß ich erstens, dass es vernünftig gemacht wird. Und zweitens habe ich ein gutes Gefühl dabei, weil unsere Kooperationspartner sehen, dass wir etwas tun, um noch besser zusammen zu arbeiten."

Arndt: „Dann machen wir das auch genau so. Ich entwickele ein paar Ideen dazu und rufe Sie an, damit wir das weitere Vorgehen abstimmen können ... Herr Schneider, wir kennen uns jetzt schon über ein Jahr. Ich spüre in diesem Augenblick, dass Ihnen etwas durch den Kopf geht, das Ihnen sehr wichtig ist. Wenn ich Ihnen irgendwie helfen kann, dann ..."

Unternehmer: „Oh Gott, sieht man mir das schon an?"

Arndt: „Man vielleicht nicht, aber ich schon, weil ich Sie schätze und Ihren Weg ein bisschen begleiten darf."

Unternehmer: „Es gibt da in der Tat einen Punkt, der mich bedrückt und der förmlich nach Lösung schreit. Einer meiner besten Leute benimmt sich in letzter Zeit recht merkwürdig. Ich habe keine Ahnung, was in ihm vorgeht. Ob er mit mir oder einem anderen im Haus Probleme hat oder dabei ist, sich anderweitig zu orientieren – keinen blassen Schimmer."

Arndt: „Wodurch ist Ihnen das aufgefallen?"

Unternehmer: „Besonders in unserem Meeting am Montag, wo es um wichtige Entscheidungen für unsere Internet-Präsenz ging. Und im anschließenden Vier-Augen-Gespräch habe ich zum ersten Mal so richtig gespürt, dass ich nicht an ihn „heran komme". Irgendwie macht er auf mich den Eindruck, unter Druck zu stehen. Aber ob das mit mir, dem Unternehmen oder mit anderen Dingen zu tun hat, steht für mich in den Sternen. Ich meine, solange er seine Arbeit gut macht sollte es mich nicht interessieren, nur ist es die Frage, ob man so trennen kann!?"

Arndt: „Sie merken gerade an diesem Beispiel die Macht der Unsicherheit, die enormen Raum für Fantasie frei gibt. Wenn Sie wüssten, dass Ihre Führungskraft sich anderweitig orientiert, vielleicht schon einen Vorvertrag unterschrieben hat, könnten Sie sich innerlich auf eine Situation einstellen. Aber nur zu spekulieren, ist es das, was Sie bedrückt?"

Unternehmer: „Ja. Wenn man jahrelang wirklich sehr gut zusammen gearbeitet hat – und auf einmal diese Kälte in der Kommunikation – da muss etwas passieren."

Arndt: „In vielen Unternehmen gibt es ähnliche Situationen, Herr Schneider. Wo Menschen miteinander zu tun haben, da gibt es immer auch Veränderungsprozesse. Stellen Sie sich vor, die Situation wäre bereits wunderbar gelöst. Sie würden dem Herrn im Unternehmen begegnen und eindeutige Signale von ihm erhalten, dass er seine volle Spitzenleistung wieder stabilisiert hat. Was würden Sie ihm sagen?"

Unternehmer: „Ich würde ihm sagen: Toll! Ich bin begeistert von Ihrem Einsatz. Ich bin stolz auf Sie!"

Arndt: „Wenn er das nun aus eigener Kraft geschafft hätte, wäre es für Sie noch mehr wert? Vielleicht braucht er nur einen Dialog mit einer Person, der er sich anvertrauen kann. Möglicherweise ist er augenblicklich mit seiner Art „Wettlauf um seine Zukunft" überfordert. Den Sorgenfalten auf einer Stirn ist nicht immer ablesbar, ob es sich um eine finanzielle, gesundheitliche, partnerschaftliche oder firmeninterne Problematik handelt. In meinen Coachings kommen diese Themen ans Tageslicht, so dass der Klient sich seiner Situation bewusst wird. Ich unterstütze dabei einen Prozess der Selbsterkenntnis und Problemlösung."

Unternehmer: „Reden Sie mit dem Mann. Geht das?"

Arndt: „Das tue ich gern. Allerdings werde ich Ihnen hinterher keine Einzelheiten über den Gesprächsverlauf nennen. Ich fühle mich meinen Klienten gegenüber zur Verschwiegenheit verpflichtet."

Unternehmer: „Egal. Ich kann nur gewinnen. Mir liegt die Sache sehr am Herzen."

Reflektieren Sie noch einmal das vorhergehende Gespräch im Hinblick auf Ihre zukünftigen Empfehlungsgespräche:

Reflexion über das Gespräch

Impuls:

Welche Empfehlungs-Impulse hat der Unternehmer aufgeführt?

....

....

Wie wurden die Empfehlungs-Impulse in Chancen verwandelt?

....

....

Welche Formulierungen haben Ihnen am besten gefallen?

....

....

Welche Ideen entnehmen Sie für Ihre eigenen Kundengespräche?

....

....

Mit Empathie der Lösung näher

Das Coaching wurde ein voller Erfolg. Der Klient konnte bereits nach zwei halben Tagen mit einem Abstand von einer Woche einen schwer belastenden Gedanken verarbeiten und neue Ordnung für sein Leben gewinnen. Sehr oft sind es private, zwischenmenschliche Ursachen, die einem die Schaffenskraft im Beruf rauben. Durch meine Coaching-Impulse erlebte sich der Klient als Hauptdarsteller auf seiner geistigen Filmleinwand und fand neuen Zugang zu Lösungen. Durch den Dialog mit mir gestaltete er praktisch sein Selbst-Coaching, die höchste Form der Persönlichkeitsklärung und Weiterentwicklung.

Coachings mit solchen Ergebnissen werden selbstverständlich weiter empfohlen. Innerhalb eines Konzerns aber auch nach draußen zu befreundeten Unternehmen.

Und alles beginnt mit einem Gespräch, in dem sich zwei Menschen gestatten, einmal laut zu denken. Fast jedes Gespräch, egal mit wem und zu welchem Zweck, wird mit Problemen und positiven Aussagen geführt. Über die „langweilige" Mitte, was so einigermaßen klappt, verlieren wir nicht so viele Worte. Nehmen Sie jedes Gespräch als Möglichkeit, dazu zu lernen, sich selbst und dem anderen zu helfen, noch besser wahrzunehmen, die Welt mit den Augen des anderen zu erleben. Eine große Prise Empathie tut jedem Gedankenaustausch gut.

Profi-Tipp:

Die Bereitschaft und die Fähigkeit, sich in die Sichtweise eines anderen Menschen hinein zu fühlen, beseitigen Probleme.

Besitzen Sie Empathie?

- Interessieren Sie sich wirklich für die Sichtweise anderer Menschen?

- Können Sie gut zuhören, sich in die Aussagen anderer hinein denken?

- Sind Sie neugierig auf die Sorgen, aber auch auf die Ziele Ihrer Mitmenschen?

- Bleiben Sie auch bei Ablehnung Ihrer Person ruhig und konstruktiv?

- Hinterfragen Sie erst die Meinung des anderen, bevor Sie „Nein" zu ihm sagen?

- Sind Sie ein Meister im Aufbau von Kontakten und Beziehungen?

4. Beispiel Hans-Günter Berner GmbH: Überzeugende Dienstleistungen bringen gute Empfehlungen

Die Hans-Günter Berner GmbH in Altenholz bei Kiel zählt inzwischen zu den Top Ten der deutschen Direktvertriebs-Unternehmen und hat eine Welle positiver Mundpropaganda ausgelöst. Das Unternehmen unterstützt Menschen mit einem Bio-Aktivstoff-Konzentrat dabei, gesund zu werden und gesund zu bleiben. Die Produkte helfen, in den Bereichen Vitalität und Lebensgefühl eine Steigerung zu erlangen und die geistige und körperliche Leistungsfähigkeit im Beruf zu verbessern. Hans-Günter Berner hat es geschafft, seine Idee zum Lebenswerk zu gestalten: „Ich habe mich schon immer damit beschäftigt, wie man all die spannenden Dinge, die man heute über unsere Ernährung weiß, den Menschen nutzbar machen kann."

Die Grundidee von Hans-Günter Berner ist ganz einfach: Lebensmittelforscher schlagen Alarm, dass pflanzliche Nahrungsmittel heute weit weniger Vitalstoffe als früher enthalten. Da nicht jeder Mensch täglich die mehrfache Menge an Obst und Gemüse essen kann, wird dieser Vitalstoff-Engpass durch biologische Produkte ergänzt.

Ein gesunder Organismus basiert auf dem Zusammenwirken unzähliger einzelner Zellen. Und erst die gesunde Ernährung dieser Körperzellen schafft die Voraussetzung für einen gesunden Körper. Dafür stehen die Cellagon-Produkte. Und in diesem „ganzheitlichen" Ansatz sieht Hans-Günter Berner auch seine Berater: Eigenständige, selbstverantwortlich handelnde Menschen, die sich einem gemeinsamen Ziel verschrieben haben und die in ihrer Gesamtheit den Erfolg des Unternehmens tragen.

Profi-Tipp:

Gut geschulte, überzeugte und hoch motivierte Berater vertreten einzigartige Produkte und Dienstleistungen. Sie bauen auf
ehrliche und professionelle Weise persönliche und dauerhafte
Kundenbeziehungen auf.

Wer seinen Unternehmenserfolg auf Empfehlungen aufbaut, der
ist gut beraten, seinen Mitarbeitern Möglichkeiten des persönlichen und fachlichen Wachstums anzubieten, durch ein gutes
Schulungs- und Seminar-System auf beiden Ebenen. So werden
Fachkompetenz und Persönlichkeitskompetenz zur Anziehungskraft im Markt.

Grundlegend: Vertrauen aufbauen

Gabriele Berner, Ehefrau von Hans-Günter Berner und Vollblut-Un-
ternehmerin, entwickelt und steuert die optimale Kombination
von Vertrieb und Ausbildung des Cellagon-Beraterteams. Immer
wieder betont sie die Bedeutung der Identifikation eines Mitarbei-
ters im Direktvertrieb mit dem Unternehmen: „Denken Sie immer
daran, dass das Vertrauen in „Sie" die Grundlage Ihres Geschäftes
ist. Vertreiben Sie deshalb nur Produkte, hinter denen Sie zu 100
Prozent stehen und von deren Nutzen Sie restlos überzeugt sind.

Eine ganz wichtige Rolle spielt die Beziehung eines Menschen zu
sich selbst. Wenn wir kein Selbstvertrauen besitzen und nicht an
uns glauben, können wir auch unsere Visionen und Ziele nicht erfolgreich umsetzen. Wie das Wort Selbstvertrauen schon sagt: Vertrauen in uns selbst ist wichtig. Besitzen wir das eigene Vertrauen,
so wagen wir uns auch an immer größere Herausforderungen und
erklimmen damit Stufe für Stufe unserer eigenen Erfolgs-Treppe.
Erst dann können wir auch Vorbild für andere Menschen sein."

Frage an Frau Berner: Was ist das Wichtigste für den Aufbau einer langfristig erfolgreichen Kundenbeziehung auf Empfehlung eines anderen Kunden?

„Zuhören, zuhören, zuhören! Ich versuche, mich in die Situation des Kunden zu versetzen und zu erfahren, welche Wünsche und Bedürfnisse er hat. Intensiver Kontakt ist entscheidend, um ein Vertrauensverhältnis aufzubauen und zu erhalten. Telefonkontakte und persönliche Betreuung sind die entscheidenden Werkzeuge. Es geht um Menschen und ihr individuelles Verhältnis zur Gesundheit. Dieses sehr persönliche Thema benötigt den Raum eines besonders persönlichen Telefongespräches. Das ist unsere Stärke, den Kunden in den Mittelpunkt zu stellen. Für den Kunden und für die Menschen, die ihm am Herzen liegen, sind wir immer da.

Der Kunde steht im Zentrum unseres täglichen Einsatzes. Er bekommt bei uns selbstverständlich einen auffallend besseren Service. Das wirkt sich sehr intensiv auf unser Empfehlungs-Potenzial aus.

Der Kunde wird über Veränderungen unserer Produkte, neue Forschungsergebnisse etc. fortlaufend informiert, so dass das Vertrauen in unsere Produkte sowie in die Firma erhalten und gestärkt wird. Und er kann uns jeder Zeit erreichen und Antworten auf seine Fragen bekommen.

Wenn der Vertrieb nicht funktioniert, nützt auch ein geniales Produkt nicht viel. Erst wenn der Kunde die Produktkompetenz eines Beraters erkennt, entsteht im Zusammenspiel mit einer ausgeprägten Kundenpflege eine langfristige Kundenbindung. Das bedeutet kontinuierlicher Umsatz, und der ist von grundlegender Wichtigkeit für das Selbstbewusstsein des Beraters.

Die verkaufende Führungskraft ist immer ein Vorbild. Nur auf diese Weise kann ein Unternehmen auch noch in der Zukunft bestehen und seinen Geschäftspartnern Sicherheit und Perspektiven bieten."

Die drei wichtigsten Beziehungsebenen des Unternehmens

Es gibt drei wichtige Beziehungsebenen, auf denen ein partnerschaftliches Kundenverhältnis aufbaut.

1. Beziehung: Unternehmensführung – Berater

Hier sollen die Zielsetzung der Unternehmensführung und der einzelnen Berater so weit wie möglich in Übereinstimmung gebracht werden. Wichtig dabei ist, dass für Unternehmen und Berater das Nutzendenken für den Verbraucher erste Priorität hat. Dadurch wird es gelingen, bei unseren Partnern eine positive Einstellung zu ihrer Tätigkeit zu vermitteln. Beruf soll von Berufung kommen und Freude bereiten.

2. Beziehung: Berater – Kunde

Auf dieser Ebene kommt es darauf an, dass der Berater erlebt, dass der intensive Kundenkontakt (nach Möglichkeit persönlich oder per Telefon) die entscheidende Voraussetzung für den geschäftlichen Erfolg darstellt. Hier bevorzuge ich ein „learning by doing", d. h. praxisnahes Telefontraining, wie ich es in meinen Gruppen durchführe. Ziel des Kundenbeziehungs-Managements soll die Kette Kunde – Stammkunde – Sammelbesteller und Empfehler – und evtl. Berater sein.

Wenn es gelingt, diese Philosophie zum Leitmotiv unserer Geschäftspartner zu machen, so werden unsere Geschäftspartner durch persönliches Erleben mehr Freude am Beruf haben und außerdem persönlichen und finanziellen Erfolg verzeichnen.

3. Beziehung: Berater – Berater

Hier ist entscheidend, dass die Berater untereinander kommunizieren, ihre Erfahrungen austauschen und sich gegenseitig unterstützen. Das ist die Grundlage für eine Gruppendynamik und das notwendige Zusammengehörigkeitsgefühl. Erst dann lässt sich bundesweit – ja weltweit ein funktionierendes Netzwerk aufbauen.

Frage an Frau Berner: Wie werden Sie diese Herausforderungen/Chancen für sich persönlich und für Ihren Unternehmenserfolg nutzen?

„Die regelmäßigen Veranstaltungen von regionalen und überregionalen Schulungen und Seminaren sind hier sehr nützlich. Ebenso haben sich unsere Teamleitertrainings zur Förderung von Eigenverantwortlichkeit und Kreativität der mittleren Führungsebene sehr bewährt. Hauptziel ist, die Beraterinnen und Berater durch „learning by doing" zum selbstständigen Arbeiten mit ihren Beratern und Beraterinnen zu befähigen. Ich zeige meinen Kollegen auf, welche grandiosen Möglichkeiten umsetzbar sind. Indem ich es ihnen vormache, bleibt es keine Utopie, sondern sie erleben mich in der Realität als sichtbares und ansprechbares Vorbild."

Impuls:

In der Gesellschaft welcher Menschen halten Sie sich oft auf?

Welches Menschenbild tragen Sie in sich?

Welche Zielgruppen kontakten Sie am liebsten?

Ihr Unternehmens-Leitbild

Welche Netzwerke haben Sie bereits aufgebaut?

....

....

Welche neuen Netzwerke möchten Sie aktiv erschaffen?

....

....

Welches Referat möchten Sie vor welchem Publikum halten?

....

....

Wie stellen Sie sich und Ihr Unternehmen anderen Menschen vor?

....

....

Welche Erfolge erreichen Sie durch Ihre tägliche Begeisterung?

....

....

Video mit Empfehlungs-Energie

Die Firma Hans-Günter Berner GmbH setzt als Vertriebsstrategie besonders erfolgreich zwei Videofilme ein. Der eine beschreibt die höchste Qualität der Produkte, von der hochwertigen und umwelt-schonenden Herstellung bis zum Versand an die Kunden und die Beschreibung des Nutzens für jeden Menschen. Das zweite Video gibt als Kurz-Spielfilm originell Einblick in die Karrierechancen der Cellagon-Berater. Der Zuschauer, der Endverbraucher kann sich seine persönliche Marschroute zu mehr Gesundheit und finan-zieller Fitness persönlich erarbeiten. Das Konzept, die Produkte, das Marketing und die Empfehlungsstrategien liefert die Firma Berner..

Kein Berater wird in irgendeiner Form unter Druck gesetzt. Die Firma Berner arbeitet ausschließlich mit Sog, indem die Kunden sich selbst überzeugen, durch die Begeisterung der eigenen Erfahrung mit den Produkten.

Mitarbeiter an der Front

Am Telefon wird dem Interessenten empfohlen, sich das Video ganz in Ruhe zu Hause anzusehen, um dann eine Entscheidung zu treffen, mehr Informationen zu wünschen. Man könnte diese Videos als „Mitarbeiter an der Front" bezeichnen. Derjenige, der sich für das Thema Gesundheit durch Nahrungsergänzung interessiert, erhält über das visuelle und auditive Top-Produkt Film eine perfekte Einstimmung auf das persönliche Gespräch.

Gabriele Berner: „Wir dokumentieren den Versand der Videos und die Resonanz der Interessenten. Welcher ‚Noch-nicht-Kunde' welchen Film erhält, hängt von der Einschätzung des jeweiligen Beraters ab. Die Rückmeldungen sprechen eine eindeutige Ergebnissprache: Wer den ‚Spielfilm' über die mögliche Karriere ansieht, der stellt seine Fragen zum Produkt meist im Zusammenhang mit dem professionellen Anstrich, auch Berater zu werden."

Einen Videofilm als „empfehlenswerten Mitarbeiter" einzusetzen, um interessierten Menschen einen Weg aufzufächern und professionelle, verbindliche Informationen zu liefern, die Fragen aufwerfen und bildhafte Antworten vermitteln, das kommt an. Das ist ein gewaltiger Vorsprung dem Wettbewerb gegenüber. Das wichtigste Thema in der heutigen Zeit, unsere Lebensqualität, fällt und steht zum größten Teil mit unserer Vitalität. Alles zu tun, was Krankheit vermeidet und Gesundheit fördert, hilft dem Menschen dabei, glücklich zu sein und nicht nur irgendwie zu über-leben, sondern ein schönes Leben zu er-leben.

Profi-Tipp:

Wer visuell in die Gefühlswelt eines Interessenten gelangt, der gibt ihm wichtige Informationen und Impulse für seinen eigenen Entscheidungsprozess.

Achtung: Vielleicht möchten viele Kunden lieber „kaufen" statt sich etwas „verkaufen" zu lassen. Vielleicht empfehlen Kunden ein Produkt, eine Dienstleistung lieber dann weiter, wenn sie sich auch die Zeit nehmen dürfen, die eigenen Vorteile gedanklich auf die Situation anderer Menschen zu übertragen.

Hinter der Philosophie von Gabriele und Hans-Günter Berner steckt eine einfache und wirksame Botschaft:

Eine besondere Firmenbotschaft
■ Sprechen Sie die Menschen auf das Thema Gesundheit an.
■ Informieren und beraten Sie sie mit Einfühlungsvermögen.
■ Helfen Sie ihnen, die für sie richtige Entscheidung zu treffen.
■ Betreuen und begleiten Sie sie als (Geschäfts-)Freund.
■ Sprechen Sie mit ihnen auch über ihre Freunde, um wiederum mit diesen Menschen über das Thema Gesundheit zu reden.
■ Wenn Sie dem Menschen im Kunden helfen, dann wird er Stammkunde oder Berater. Warum? Weil die Menschen ihre Vorteile suchen und oft auf eine derartige Chance lange gewartet haben.
■ Seien Sie auffallend angenehm anders als alle anderen!
■ Helfen Sie den Menschen dabei, sich selbst zu helfen!

„Es handelt sich um Produkte, die dem Einzelnen helfen, viel für seine Gesundheit zu tun. In diesem Bereich steht ebenfalls für unsere Gesellschaft eine Menge Geld auf dem Spiel, denn das Deutsche Institut für Ernährungsmedizin in Aachen hat berechnet, dass im Jahr 2000 die Rekordsumme von 144,65 Milliarden DM für ernährungsbedingte Erkrankungen ausgegeben wurden. Das entspricht mehr als einem Drittel der Gesamtkosten des Gesundheitswesens. Hier setzt die Firma Berner mit Information und Aufklärung an, den Menschen einen Weg aus dieser Kostenlawine aufzuzeigen und für sich die richtigen Entscheidungen im Bereich Ernährung und Nahrungs-Ergänzung zu treffen."

5. Per Empfehlung zur perfekten Kundenbeziehung

Empfehlungen von Kunden sind erst der Beweis dafür, dass er wirklich voll zufrieden ist und seine Vorteile erkannt hat. Ebenfalls hat er sich davon überzeugt, dass andere Menschen den gleichen Nutzen erfahren können. Ganz einfach ohne Mühe, ganz leicht per Weiterempfehlung. Die Berater-Persönlichkeit wird weiter geleitet. Als Gesprächspartner, als Geheimtipp in Sachen Gesundheit, Geld, Reisen, Auto, Partnerschaft, Computer und vieles mehr.

Setzen Sie Ihren guten Namen ein und transportieren Sie Ihre Botschaft zu Ihren Mitmenschen. Alles, was wirklich gut ist, spricht sich auch herum. Wenn Ihr Kunde von den Produkten, der Dienstleistung und dem persönlichen Nutzen voll überzeugt ist, dann erzählt er seinen Freunden, Kollegen, Verwandten und Bekannten davon. Qualitätsprodukte und Qualitätssicherheit sind ganz entscheidend für den Erfolg eines Unternehmens.

Am Anfang, wenn man sein eigenes Unternehmen aufbaut, ist das Empfehlungs-Management ein eher hartes Brot. Man beginnt mit einem kleinen Kern an Kontakten. Aber von Tag zu Tag wächst der Erfolg und entwickelt sich zur sprudelnden Empfehlungs-Quelle.

Unpassende Werbegeschenke

Die Vorteile des Kunden durch seine Empfehlungen werden bei vielen Unternehmen in den Mittelpunkt gestellt. Das heißt, vordergründig wird dem Kunden etwas Materielles „vor die Nase gehalten", was meist überhaupt nichts mit dem verkauften Produkt zu tun hat:

- Sie abonnieren eine Zeitschrift und bekommen einen Füllfederhalter.

- Sie bestellen Bücher, werben ein Club-Mitglied und erhalten einen Reisewecker.

- Sie geben einer Hemdenfirma Empfehlungen, und man schickt Ihnen einen Brieföffner aus edlem Metall.

- Sie buchen ein Seminar zum frühest möglichen Zeitpunkt und nehmen an der Verlosung einer Reise teil.

Die Firma Berner geht hier produktbewusster vor. Sie reiht um „Cellagon aurum" und „Cellagon vitale" bestimmte Literatur von Hans-Günter Berner sowie Gläser zum Trinken des Bio-Vitalstoff-Konzentrates. Selbstverständlich bekommen gute Empfehler auch die eine oder andere Vergünstigung im Einkauf der Produkte z. B. als Sammelbesteller. Das liegt in der Entscheidung des einzelnen Beraters. Er arbeitet wie ein selbstständiger Unternehmer und muss auch in der Lage sein, Entscheidungen für sein Unternehmen zu treffen.

Weg vom „Anzeigen-Friedhof"

Frau Berner wird immer wieder gefragt, warum es für die Produkte der Firma Berner keine großangelegte Werbekampagne in Funk, Fernsehen und Presse gibt. Der Geschäftsleiter und Regisseur des Hotels Schindlerhof in Nürnberg, Klaus Kobjoll, Hotelier des Jahres und mit dem höchsten europäischen Qualitätspreis ausgezeichnet, dem European Quality Award, bezeichnet die klassische Werbung in Illustrierten und Tageszeitungen sogar als „Anzeigen-Friedhof".

Gabriele Berner meint dazu: „Krankheit und Gesundheit sind sehr persönliche Aspekte unseres Lebens. Es geht bei unseren Produkten um die Grundversorgung der menschlichen Zellen unseres Körpers. Und dieser hohe Nutzen spricht sich sehr schnell herum. Es gibt inzwischen viele Ärzte und Heilpraktiker, die ihren Patienten und Kunden Cellagon anbieten. Auch Unternehmen kommen langsam dahinter, dass der teilweise hohe Krankenstand viel mit dem Thema Ernährung zu tun hat. Die nachgewiesene Leistungssteigerung und Gedächtnisverbesserung unterstützt wiederum den Erfolg der Unternehmen. Und auch hier sind durch das Empfehlungs-Management alle Nutznießer.

Durch Mundpropaganda sind wir sehr schnell gewachsen und in die Vorstands-Etagen großer Unternehmen empfohlen worden, wie beispielsweise der Swiss Air."

Überzeugung durch eigene Erfahrung

„Im Leistungssportbereich, der nun besonders viel mit Gesundheit, Fitness und Energie zu tun hat, betreuen wir die Ruder-Nationalmannschaft, die Eisschnellläufer, die Nordische Kombination, die Radler, die Segler, Triatlon usw. ausschließlich über Empfehlungs-Management. Die Aktiven haben in ihren Analysen den Vorher-Nachher-Effekt schwarz auf weiß gesehen. Und dann spricht alles dafür, Cellagon als Nahrungs-Ergänzung ständig in seinen Ernährungsplan einzubinden. Es gibt im Sportbereich innerhalb der einzelnen Disziplinen schon auch die Situation, dass es nicht weiter empfohlen wird, weil derjenige sich sagt: ‚Dann habe ich ja nicht mehr diesen Vorsprung.' Aber quer durch die verschiedenen Sparten werden wir auch international als Tipp für Spitzenleistung weitergereicht.

Wir brauchen nur das Interesse auszulösen, dann kommen die An-fragen wie von selbst. Die Erfahrung unserer Kunden ist von ande-ren Menschen nachvollziehbar und erlebbar. Wenn jemand über längere Zeit schlecht drauf ist, saft- und kraftlos seine Aufgaben erledigt und dementsprechend bei seinen Mitmenschen ankommt und er nach einigen Wochen mit unseren Produkten wieder Le-bens-Energie und hohe Motivation ausstrahlt, dann tauchen Fra-gen auf. Nach dem Motto: Was ist denn mit Dir los? Du strahlst ja eine Energie aus. So kenne ich dich gar nicht.

Die Erfahrungen mit unseren Produkten muss jeder an sich selbst erleben. Jeder Berater wird dadurch zu seiner eigenen Referenz. Es spricht also alles dafür, uns aus Überzeugung durch die eigenen Er-gebnisse weiter zu empfehlen, zumal sich jeder Mensch Cellagon leisten kann, wenn ihm seine Lebensqualität auch nur ein klein we-nig wert ist.

Über Empfehlungs-Management lerne ich nicht nur neue Kunden kennen, sondern darüber habe ich mir meine gesamte Mitarbeiter-Struktur aufgebaut, z. B. durch Empfehlungen an Menschen, die in ihrem jetzigen Arbeitsbereich nicht ihre Stärken voll zum Einsatz bringen können oder wenn Arbeitslosigkeit droht. Viele Leute su-chen, besonders wenn sie schon etwas älter sind, eine sinnvolle Aufgabe, die mit Menschen zu tun hat und neben viel Spaß an der Tätigkeit auch interessante Provisionen und Boni einbringt. Auch zur „finanziellen Fitness" leisten wir unseren Beitrag. Jeder besitzt die gleichen Chancen, vom kurzfristigen Nebenverdienst bis zur mittel- und langfristigen finanziellen Unabhängigkeit."

In einigen Branchen, z. B. im Finanzmarkt wird immer wieder be-hauptet, dass der Kunde am besten weiter empfiehlt, wenn er noch recht wenig über die angebotenen Produkte und Dienstleistungen weiß. Er würde bei zu viel Einblick seinem Freund vielleicht über Din-ge berichten, die ihn abschrecken; wenn er etwa eine Kapitalle-bensversicherung abgeschlossen hat und der Freund generell gegen diese Art von Absicherung und Kapitalaufbau eingestellt sein sollte.

Gabriele Berner: „Beim Unternehmen Berner und den Cellagon-Produkten ist das anders. Je mehr Erfahrung die Kunden damit machen und ihnen der Nutzen durch ein gesteigertes Lebensgefühl bewusst wird, desto intensiver steigt das Empfehlungs-Bewusstsein bei diesen Personen, bis hin zum Wunsch, einen Beruf daraus zu machen. Auf diese Entwicklung voller gegenseitigem Vertrauen ist die Firma Berner sehr stolz. Diese Vertrauens-Basis stellt das Fundament für die Zusammenarbeit mit den Kunden dar. Aber der Bogen spannt sich noch weiter."

Erfolg durch Menschlichkeit

Hans-Günter Berner: „Unsere Arbeit ist noch vielschichtiger, weil wir dem Kunden auch in anderen Bereichen seines Lebens zur Seite stehen, ob es sich um ein Problem in der Familie oder im Bekanntenkreis handelt, wir helfen, wo wir können, gern und spontan. Das gehört zu meiner Lebenseinstellung, Impulse zu geben, damit für uns das Leben noch leichter wird und keiner das Gefühl hat, im Regen zu stehen. Wir nehmen Anteil am Leben unserer Kunden. Und das schafft einen sehr hohen Beziehungs-Level, der einem echten Wir-Gefühl sehr nahe kommt."

Dieses Empfehlungs-Management aus einer gelebten Menschlichkeit heraus macht dann drei Menschen zu Gewinnern:

- den empfehlenden Kunden (gutes Gefühl)

- den Empfohlenen (persönlicher Nutzen)

- den Berater (professioneller Erfolg)

Referenzen erleichtern das Bekanntwerden eines Produktes und einer Dienstleistung. Und das gilt besonders für den Gesundheitsbereich, in dem die Berner GmbH immer für eine Langzeit-Studie gut ist. So war in einer Fachzeitschrift im Februar 2001 zu lesen: „Professor Dr. med. phil. Ronald Grossarth-Maticek, Direktor des Instituts für präventive Medizin der Vereinten Nationen, wählte das

Bioaktivstoffkonzentrat CELLAGON AURUM des Direktvertriebs-unternehmens H.-G. Berner GmbH für eine dreijährige Langzeit-studie aus, die seit Juli 2000 läuft. Der Professor: „Wir sind zu der Überzeugung gelangt, dass CELLAGON AURUM einen so wichti-gen Beitrag in der Gesundheitsvorsorge leistet, dass wir durch un-sere Langzeitstudie mithelfen möchten, das Produkt einer breiten Öffentlichkeit zugänglich zu machen, damit die Menschen eigen-verantwortlich Vorsorge betreiben können."

Eine solche Referenz lässt sich wunderbar für Kunden-Informatio-nen und in persönlichen Gesprächen bei Neu-Kontakten einset-zen. Ein Unternehmen, dass alles tut, um die Produkte ständig wei-ter zu optimieren und gleichfalls die Dienstleistung immer erfolgreicher gestaltet, verdient zu Recht eine der führenden Marktpositionen.

Hans-Günter Berner dazu: „Von Anfang an haben wir uns gleich-zeitig für den Umweltaspekt eingesetzt, indem wir unsere Produk-te als Konzentrat herstellen und vertreiben. Wir sind also nicht nur gegen die ‚Innenweltverschmutzung', sondern auch gegen die ‚Umweltverschmutzung'. Allein 1997 konnten wir dadurch auf ca. 3,6 Millionen Flaschen verzichten. Das spart Rohstoff, Energie, Transportkosten – und Müllberge.

Für diese Idee sowie die konsequente Umsetzung in unserem Un-ternehmen wurde mir 1999 der B.A.U.M.-Umweltpreis verliehen. Darauf bin ich sehr stolz. Das motiviert zu weiteren Erfolgen."

Ein ganzheitliches Lebens-Modell

5

1. Engpässe erkennen

„V B5 S Z" – diese einfache Orientierungshilfe kann Ihnen Hinweise geben, welche Engpässe Menschen in der heutigen Zeit erleben und wie Sie Ihnen bei der Lösung helfen können.

2. Vitalität

Mit Vitalität erleben wir unseren Tag in einer besseren Zeitqualität. Viele Aufgaben gehen uns einfach leichter von der Hand. Wir wirken in bestimmten Situationen viel positiver auf andere Menschen. Unsere nonverbale Kommunikation (die Wirkung auf andere beträgt 55 Prozent) „spricht Bände", gibt dem anderen Informationen über unsere innere Befindlichkeit, ohne auch nur ein einziges Wort aus unserem Mund zu hören. Empfehlungs-Bewusstsein entsteht zunehmend über unsere Körpersprache. Was wir mit Worten und Stimme vermitteln, kommt glaubwürdig beim anderen an. Wer andere Menschen im Bereich Gesundheit beraten will, muss dafür ein Beispiel geben. Damit der Kunde den Vorteil erkennt, der ihm durch ein Produkt zukommt, muss man selbst die positive Erfahrung damit vorleben. Eine übergewichtige Ärztin, die Kurse über das Thema „Abnehmen leicht gemacht" hält, ist nicht sonderlich glaubhaft. Ein Finanzdienstleister, der nicht mit Geld umgehen kann, überschuldet ist oder nicht pünktlich seine Rechnungen bezahlt, strahlt nicht die geforderte Stimmigkeit einer „empfehlenswerten" Persönlichkeit aus. Vitalität ist mehr als die Abwesenheit von Krankheit. Vitalität heißt, positive Energien der Anziehungskraft auszustrahlen.

> **Profi-Tipp:**
>
> Was wir denken und wie wir uns fühlen, das strahlen wir aus. Was wir ausstrahlen, das ziehen wir als Erfolg in unser Leben.

www.metropolitan.de

Impuls:

Viele Menschen in meinen Seminaren berichten, dass sie bestimmte Ideen nicht aufgeschrieben hatten, weil diese so „genial" erschienen, dass man sie gar nicht vergessen könnte. Am nächsten Tag waren die Gedanken-Impulse von der geistigen Leinwand verschwunden. Also, arbeiten Sie bitte schriftlich an Ihren Erfolgen.

Unterwegs im Auto können Sie ein Diktiergerät einsetzen. Zu Hause oder im Büro übertragen Sie die Einzelheiten dann in Ihre Planungsunterlagen. Viel Freude beim „Aufspüren" einiger Verbesserungsvorschläge für Ihre Vitalität:

Welche gesundheitlichen Ziele möchte ich mir setzen?

⎯⎯⎯⎯⎯⎯⎯⎯⎯⎯⎯⎯⎯⎯⎯⎯⎯⎯⎯⎯⎯⎯⎯⎯⎯⎯⎯⎯⎯⎯⎯⎯⎯⎯⎯⎯⎯⎯⎯

⎯⎯⎯⎯⎯⎯⎯⎯⎯⎯⎯⎯⎯⎯⎯⎯⎯⎯⎯⎯⎯⎯⎯⎯⎯⎯⎯⎯⎯⎯⎯⎯⎯⎯⎯⎯⎯⎯⎯

Was kann ich für den Bereich Ernährung tun?

⎯⎯⎯⎯⎯⎯⎯⎯⎯⎯⎯⎯⎯⎯⎯⎯⎯⎯⎯⎯⎯⎯⎯⎯⎯⎯⎯⎯⎯⎯⎯⎯⎯⎯⎯⎯⎯⎯⎯

⎯⎯⎯⎯⎯⎯⎯⎯⎯⎯⎯⎯⎯⎯⎯⎯⎯⎯⎯⎯⎯⎯⎯⎯⎯⎯⎯⎯⎯⎯⎯⎯⎯⎯⎯⎯⎯⎯⎯

Was will ich zukünftig für den Bereich Bewegung tun?

⎯⎯⎯⎯⎯⎯⎯⎯⎯⎯⎯⎯⎯⎯⎯⎯⎯⎯⎯⎯⎯⎯⎯⎯⎯⎯⎯⎯⎯⎯⎯⎯⎯⎯⎯⎯⎯⎯⎯

⎯⎯⎯⎯⎯⎯⎯⎯⎯⎯⎯⎯⎯⎯⎯⎯⎯⎯⎯⎯⎯⎯⎯⎯⎯⎯⎯⎯⎯⎯⎯⎯⎯⎯⎯⎯⎯⎯⎯

Wie erreiche ich eine vermehrte Sauerstoffaufnahme?

⎯⎯⎯⎯⎯⎯⎯⎯⎯⎯⎯⎯⎯⎯⎯⎯⎯⎯⎯⎯⎯⎯⎯⎯⎯⎯⎯⎯⎯⎯⎯⎯⎯⎯⎯⎯⎯⎯⎯

⎯⎯⎯⎯⎯⎯⎯⎯⎯⎯⎯⎯⎯⎯⎯⎯⎯⎯⎯⎯⎯⎯⎯⎯⎯⎯⎯⎯⎯⎯⎯⎯⎯⎯⎯⎯⎯⎯⎯

Wann und wie werde ich mich heute entspannen?

⎯⎯⎯⎯⎯⎯⎯⎯⎯⎯⎯⎯⎯⎯⎯⎯⎯⎯⎯⎯⎯⎯⎯⎯⎯⎯⎯⎯⎯⎯⎯⎯⎯⎯⎯⎯⎯⎯⎯

⎯⎯⎯⎯⎯⎯⎯⎯⎯⎯⎯⎯⎯⎯⎯⎯⎯⎯⎯⎯⎯⎯⎯⎯⎯⎯⎯⎯⎯⎯⎯⎯⎯⎯⎯⎯⎯⎯⎯

Was tue ich heute gezielt für mein Stimmungs-Management?

....

....

3. Vitamin B: Beziehungen 5-mal vernetzt

Jeder von uns besitzt ein eigenes Kontakt-Universum, das sich in fünf Bereiche aufgliedert. Diese 5-fache Vernetzung bestimmt unser Lebensgefühl. Denn Beziehungen geben unserem Leben Halt und Lebendigkeit. Kein Einzelner von uns ist so klug und erfahren wie wir alle zusammen. Deshalb tun wir uns und unserem Leben Gutes, wenn wir Ausschau halten nach Menschen, die wir bereichern können und die uns gut tun durch

- ihre Besonderheit,
- ihre Erfahrung,
- ihr Beispiel,
- eine Gemeinsamkeit,
- die Neugier am Entstehen einer vielleicht erfolgreichen Verbindung für das ganze Leben.

B 5 – sich gegenseitig beeinflussende Beziehungsfelder

B 1 – die Beziehung zu uns selbst

Wir sind uns Motivator und Förderer zugleich. Wir coachen uns selbst zu einer „empfehlenswerten" Persönlichkeit, die auch ohne Worte einen guten Eindruck in anderen Menschen erzeugt.

B 2 – die Beziehung zu unserem Liebes-, Lebens-, Ehe-Partner

Wir vermischen mit unserem Lebenspartner unsere Kontakt-Universen, so dass wir über eine große gemeinsame Kontaktwelt verfügen, und trotzdem jeder allerdings auch einen Kreis von Menschen für sich selbst als Interessengruppe behalten kann.

www.metropolitan.de

B 3 – die Beziehung zu Kindern, Eltern, nahen Verwandten und besten Freunden

Die Menschen unseres direkten Umfeldes, um die wir oder die sich auch wegen uns Sorgen machen könnten, wo Vertrauen und Offenheit eine wichtige Rolle spielen, denen wir unbedingt Gutes wünschen, denen wir gern und spontan etwas weiter empfehlen und die auch an uns denken, wenn sie etwas kennen gelernt haben, was uns für unsere Ziele helfen kann gehören zu diesem Beziehungsfeld.

B 4 – die Beziehung zu Mitarbeitern, Vorgesetzten, Kunden, Lieferanten und Kooperationspartnern

Das Feld der beruflichen Vernetzungen bis hin zum Aufbau echter Geschäftsfreundschaften. Hier greift das Empfehlungs-Management als Erfolgsstrategie besonders zielgruppenbewusst.

B 5 – Die Beziehung zur (subjektiv erlebten) Welt

Dahinter stehen Themen wie Lebenseinstellung, Umwelt, Politik, Geld, Werte, Medien, gesellschaftliche Verantwortung. Hier entstehen Inhalte für Gespräche, mit anderen über bestimmte Themen zu philosophieren, sich gestatten, einmal laut zu denken, um den Sinn des Lebens weiter zu entschlüsseln.

Impuls:

Nehmen Sie bitte wieder einen Stift zur Hand und lassen Sie beim Eintragen in die Checkliste Ihrer Fantasie freien Lauf:

B 1 = Meine Beziehung zu mir selbst

Wie kann ich meine empfehlenswerte Persönlichkeit weiterentwickeln?

Ein ganzheitliches Lebensmodell

Welche Stärken besitze ich für den Aufbau und die Pflege von Beziehungen?

....

....

B 2 = Meine Beziehung zum Liebes-, Lebens-, Ehepartner

Was liebe ich besonders an meinem Partner? (Eine glückliche Partnerschaft kann die Leistungsfähigkeit bis zu 50 Prozent steigern.)

....

....

Welche „Lebens-Bühnen" sind uns beiden besonders wichtig?

....

....

Welche Rollen spielen andere Menschen für unsere Partnerschaft?

....

....

B 3 = Meine Beziehung zu meinen Kindern, Familienangehörigen, Freunden

Wie kann ich meinen nächsten Verwandten zeigen, dass ich sie sehr mag?

....

....

Welche gemeinsamen Ziele planen und realisieren wir?

....

....

www.metropolitan.de

Wem vertraue ich zu 100 Prozent?

....

....

Wer vertraut mir (meiner Meinung nach) zu 100 Prozent?

....

....

B 4 = Meine Beziehung zu Mitarbeitern, Kunden, Kooperations-partnern

Was verbinde ich mit dem Begriff „Kontakt-Begeisterung"?

....

....

Wie kann ich meine Kontaktfreude steigern?

....

....

Wen möchte ich heute zum ersten Mal kontakten?

....

....

Rufe ich an? Schreibe ich per E-Mail, Brief, Fax?

....

....

Welche Einleitung?

....

....

Ein ganzheitliches Lebensmodell

Welcher Hauptgedanke?

....

....

Welche „Vereinbarung" möchte ich treffen? Eine persönliche Verabredung? Einen Telefontermin? Etwas per Post zusenden?

....

....

Welche Beziehungen werde ich heute pflegen und bei diesem Kontakt Empfehlungen auslösen?

....

....

B 5 = Meine Beziehung zur Welt (Natur, Umwelt, Werte, Medien, Politik)

Wofür bin ich im Bereich Natur/Umwelt mitverantwortlich? Mit welchen Menschen habe ich bei diesem Thema Berührungspunkte?

....

....

Wie gehe ich mit Pressenachrichten um? Wie kann ich Chancen der Medienlandschaft für mich nutzen?

....

....

Welche politische Meinung bilde ich mir durch welche Informationsquellen?

....

....

www.metropolitan.de

Welche Lebenswerte möchte ich täglich mit Leben erfüllen?

....

....

4. Spitzenleistung

Die Fähigkeit zur Spitzenleistung scheint die neue Qualität eines Anforderungsprofils zu sein. Spitzenleistung ist Ergebnisorientierung in Reinkultur und kombiniert Geisteshaltung mit Prozess-Qualität und erreichten Zahlen. Empfehlungen können wir gern dem Bereich der Spitzenleistungen zuordnen. Nutzen Sie Ihre eigenen Chancen und verteilen Sie viele davon an die Menschen in der Geschäftswelt, mit denen Sie zur Nr. 1 in Ihrer Branche werden können. Denken Sie immer daran, dass Sie ein Gewinn für andere Menschen sind und dass jeder Mensch wie eine Tür zu anderen Menschen ist. Vorausgesetzt, er öffnet sie gern von seiner Seite.

Impuls:

Wie lautet mein bedeutendstes Lebensziel?

....

....

a) Meine wichtigsten Unternehmensziele:

....

....

b) Meine größten privaten Ziele:

....

....

Ein ganzheitliches Lebensmodell

Wie kann ich meine Ziele am effektivsten erreichen?

....

....

Wie organisiere ich den heutigen Tag ergebnisorientiert?

....

....

Welche neuen Ideen für meinen Erfolgsaspekt „Geld" entwerfe ich heute?

....

....

Von welchen Menschen hole ich mir heute Feedback?

....

....

Welchen Menschen gebe ich heute konstruktives Feedback?

....

....

Der Leistungsbereich bezieht sich nicht nur auf die aktiven Firmenbereiche, sondern beispielsweise auch auf:

- die Gartenarbeit des Rentners,

- die Pflege der kranken Mutter,

- das Familien-Management sowie

- die ehrenamtlichen Aufgaben und besonders in der heutigen Zeit auf die Arbeit und darauf, (wieder) Arbeit zu bekommen.

5. Ziele und Zukunft

Alles, was wir am Tag tun, wirkt sich auf unsere Zukunft aus. Das, was wir nicht tun, ebenfalls. Wir verursachen im jeweiligen Heute den Zeitraum unseres Lebens, der noch vor uns liegt, über den wir allerdings keine Angaben mit Garantie machen können. Dennoch bereiten wir ständig unsere Zukunft vor: Ziel-bewusst, zeit-bewusst und in der Vernetzung mit anderen Menschen. Denn Zukunft ist bereits der morgige Tag. Denken Sie immer an Ihren Zeitgewinn.

Profi-Tipp:

- Heute haben Sie einen Tag mehr als morgen um dieselbe Zeit.
- Nutzen Sie das Heute für Ihre Ziele, für den Aufbau Ihrer Geschäftsbeziehungen.

6. Kontrastschwerpunkte nach dem ganzheitlichen Lebens-Modell

Bevor Sie Empfehlungen erhalten, brauchen Sie viele Kontakte, die Sie direkt aufbauen. Es schafft Selbstvertrauen und Selbstachtung, wenn Sie auf Menschen zugehen können und mit Leuten ins Gespräch kommen.

Impuls:

Erstellen Sie eine Liste aller Menschen, die Sie gut kennen!

Ein ganzheitliches Lebensmodell

Notieren Sie die Leute, zu denen Sie noch keinen intensiven Kontakt besitzen!

Erstellen Sie eine Chancenliste für jeden einzelnen Bereich des „V B5 S Z-Systems":

Kontakt-Schwerpunkt Vitalität/Gesundheit:

Heilpraktiker, Ärzte, Fitness-Studios, Wellness-Unternehmen, Schönheitsfarm, Kliniken, TV-Redaktionen „Fitness", Fußpflege, Friseure, Kosmetikerin, Sportclubs usw.

Kontakt-Schwerpunkt Beziehungen/Familie:

Restaurants, Hotels, Theater, Tanzclubs, Familienfeste, Feiern im Freundeskreis, usw.

Kontakt-Schwerpunkt Spitzenleistung/Karriere:

Geschäftsfreunde, Kooperationspartner, Vorträge, Seminare, Messen, Kongresse, Tag der offenen Tür, Betriebsfeste, Abendschule, (ehem.) Kollegen, Internet usw.

Kontakt-Schwerpunkt Ziele/Zukunft/Multiplikatoren:

Firmen, Vereine, Volkshochschule, Galerie, Steuerberater, Coaching-Gruppe, Zielgruppe gründen, Gruppenreisen, Konzerte, Buchhandlungen, Selbst-Management-Seminare, Hausbaufirmen, Autohäuser, Handelsvertreter, Reisebüros, Finanzdienstleister usw.

Wichtig: Gehen Sie unbeirrt auf Menschen zu. Bauen Sie interessante Kontakte auf. Begeistern Sie die Menschen mit Ihrer individuellen Art, mit Leuten ins Gespräch zu kommen. Stehen Sie mit Idee, Rat und Tat zur Seite. Lassen Sie sich weiterleiten an neue Kontaktpersonen. Werden Sie die aktivste Person, die Sie kennen. Dazu brauchen Sie die Fähigkeit, eine gewisse, uns angeborene und über Erziehung und Lebenserfahrung erworbene „Über-Vorsicht" abzubauen.

Profi-Tipp:

- Jeder Mensch, der heute zu unserem Angebot „Nein" sagt, kann zu einem anderen Zeitpunkt „Ja" sagen.

- Voraussetzung ist, wir bleiben mit unserer Botschaft in seinem Bewusstsein präsent und wir reagieren beim „Nein" nicht „eingeschnappt", sondern bleiben professionell und mit Begeisterung am Neukontakt dran.

Mit den besten Empfehlungen

6

1. Ein Gespräch mit dem erfolgreichen Unternehmer Hans-Jürgen Backhaus, Bonn

Vor vielen Jahren habe ich auf dem Einweihungsfest des neuen Enkelmann-Institutes in Königstein einen Unternehmer kennen gelernt, mit dem es enormen Spaß machte, sich zu unterhalten. Inhaltlicher Anspruch, Ideenreichtum und Humor vermischten sich bei Hans-Jürgen Backhaus zu einem Gesprächs-Cocktail besonderer Art.

Wir redeten, wie kann es anders sein, über das Thema Erfolg. So erfuhr ich, dass Herr Backhaus seit Ende 1973 in der Finanzbranche tätig ist und bis heute als Direktionsleiter der DVAG mit sämtlichen Mitarbeitern und nachgewachsenen Direktionen etwa 100 000 Kunden gewonnen hat – und zwar fast alle Kunden über ein professionelles Empfehlungs-Management.

Einige Erfolgsrezepte

Den Kontakt zu Herrn Backhaus habe ich durch das eine oder andere Telefonat, ein paar E-Mails und Grüßen über Dritte aufrecht erhalten. Viele seiner Mitarbeiter haben meine Seminare zum Thema Telefontraining und Zeitmanagement besucht und durch anschließende Spitzenleistungen geglänzt. So blieben wir im Gespräch und trugen gegenseitig zu unseren Erfolgen bei. Im Folgenden lesen Sie einen Gedankenaustausch über das Thema Empfehlungs-Management. Die DVAG wurde durch ihr erfolgreiches Empfehlungs-System zur weltweiten Nr. 1 in der Allfinanzbranche.

Roland Arndt: Herr Backhaus, schön, dass wir uns heute mit dem Thema der Weiterempfehlung auseinander setzen. Ihr persönlicher großer Einsatz und Ihr Fingerspitzengefühl für den Umgang mit Menschen und deren Motivation haben Ihnen immer geholfen, die Mitarbeiter zu fördern, die sich besonders für Beratung und Führung von Partnern eignen. Wie können wir in das Thema Empfehlungs-Management einsteigen, Herr Backhaus?

Hans-Jürgen Backhaus: Mit dieser Überschrift, Herr Arndt. „Mit den besten Empfehlungen ..." Mit dieser altbekannten Redewendung teilen Sie mit, dass der Empfohlene gern gesehen ist und dass es sich lohnt, ihn zu empfangen.

Wenn wir heutzutage über Empfehlungen sprechen, dann meinen wir in erster Linie solche geschäftlicher Natur. Diese kann man in mehrere Kategorien aufgliedern:

- Abgefragte, also „genommene" Empfehlungen

- Ausgesprochene, also „gegebene" Empfehlungen

- Referenzen

Empfehlungen sind der Schlüssel zu guten Kontakten und auch die Voraussetzung für gute Geschäfte. Ich möchte im Folgenden einmal die verschiedenen Arten von Empfehlungen detailliert beschreiben und auch unterschiedliche Vorgehensweisen erläutern. Außerdem möchte ich einige Erfolgsrezepte vorstellen, die dazu beitragen können, dass die Leser dieses Buches in Zukunft erheblich wirksamer und somit erfolgreicher mit diesem Arbeitsbereich umgehen können.

Je länger man sich mit diesem Thema beschäftigt, desto klarer wird, dass die wesentlichen Grundlagen für eine erfolgreiche Empfehlung und der Schlüssel für deren Umsetzung zunächst einmal nichts anderes erfordern, als seinen gesunden Menschenverstand einzusetzen. Lassen Sie mich es etwas provokativ und überspitzt formulieren: Wenn Sie nichts anderes mit Ihren Mitmenschen machen als das, was Sie sich selbst wünschen, dann haben Sie die halbe Miete schon in der Tasche! Die größte und am weitesten verbreitete Denkfalle ist die Überzeugung, im Geschäftsleben müsse man die Menschen völlig anders behandeln als im Privatleben. Die

Mit den besten Empfehlungen

Folge: Es entsteht ein verkrampftes Verhältnis, in dem nichts mehr so recht gelingen will.

Roland Arndt: Wie meinen Sie das genau? Denn viele Menschen trennen sehr strikt zwischen ihrem Privatleben und ihrem beruflichen Umfeld.

Hans-Jürgen Backhaus: Was macht man eigentlich, wenn man einen guten Freund um einen Gefallen bittet? Man geht beispielsweise wie folgt vor: „Du, Ernst, ich habe da ein Problem. Ich suche ein Produkt, eine Wohnung, ein Haus, das die und die Eigenschaften hat. Kennst Du jemanden, der das hat? Kannst Du mir da weiterhelfen und mir eine Adresse oder Telefonnummer geben? Dann werde ich ihn mal (auf Deine Empfehlung hin) fragen." Ernst wird antworten: „Dazu fällt mir nichts ein" oder auch „Da kann ich Dir helfen. Das kann ich Dir besorgen."

Keine der beiden Parteien wird sich in der Regel verkrampfen oder gestresst auf den anderen reagieren. Man redet einfach darüber und versucht, einen Schritt weiter zu kommen.

Roland Arndt: Das kennen wir sicherlich alle, uns für die Menschen, die uns wichtig sind, auch stark zu machen. Wir freuen uns über eine Möglichkeit, ihnen zu helfen. Denn es kann ja auch umgekehrt sein, dass wir einmal etwas suchen oder sogar dringend benötigen. Und dann sind wir ebenfalls happy, wenn wir eine gute Empfehlung von einem Bekannten, Freund, Nachbarn oder Kollegen bekommen. Warum aber reagieren viele Menschen im beruflichen Alltag ganz anders?

Hans-Jürgen Backhaus: Bei den geschäftlichen Empfehlungen habe ich in vielen Seminaren festgestellt, dass die Teilnehmer sich schwer tun, ein natürliches Verhalten an den Tag zu legen. Sie fühlen sich meist als „Bittsteller" oder gar „Bettler". Damit bekommt das Gespräch sofort den Charakter des Unnatürlichen und Gekünstelten. Der Gesprächspartner hat dann das Gefühl, hier sei etwas faul, oder er habe es mit einem „Trick" zu tun. Das beschwerliche und zähe Waten durch Kaugummi-Gespräche beginnt!

Die Straße zum Erfolg

Empfehlungen sind eine Angelegenheit zwischen zwei oder mehreren Menschen. Wir brauchen die Kommunikation des persönlichen Gesprächs. Zunächst einmal etwas zur Grundstruktur dieses Gespräches:

Am besten kann man solch ein Gespräch mit einer Straße vergleichen: Zuerst muss das Ziel feststehen. An irgendeiner Stelle geht es dann los. Auf der Straße sind Wegweiser, Rastplätze, Hindernisse und auch Abzweigungen, wie in der Realität. Wenn Sie sich das Gespräch so vorstellen, fällt Ihnen die Gesprächsführung leichter, und Sie finden auch bei Umwegen wieder auf die Straße zum Ziel zurück!

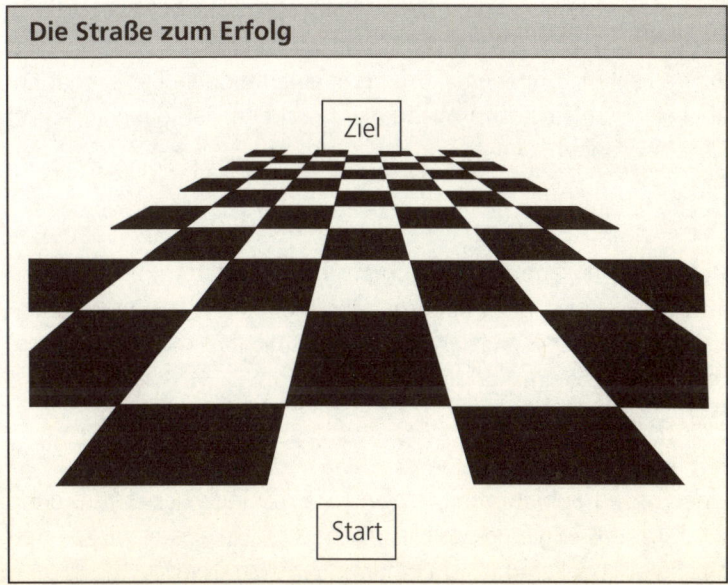

Die Straße zum Erfolg

Ziel

Start

Die klassischen Schritte der Gesprächsführung sind so ähnlich einzusetzen wie Tasten auf einem Klavier. Hier die Partitur zum Erfolg:

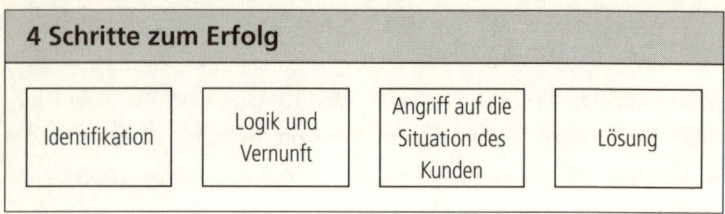

4 Schritte zum Erfolg

| Identifikation | Logik und Vernunft | Angriff auf die Situation des Kunden | Lösung |

Identifikation

Identifikation bedeutet, jemanden etwas über sich selbst zu erzählen, was auch für den anderen gilt, zum Beispiel: „Ich wohne in X-Stadt, bin verheiratet, habe zwei Kinder." Auch unser Gesprächspartner wohnt irgendwo, hat eine Familie, bestimmte Hobbys. Wenn er innerlich zustimmt, zu Schritt Nr. 2 übergehen.

Logik und Vernunft

Einige Fakten zum Thema anführen, eine rationale Basis schaffen, aber sparsam einsetzen. Wenn dies geschehen ist, dann zu Schritt Nr. 3 übergehen.

Angriff

Den „Angriff" auf die Situation des Kunden starten, z. B.: „Wenn Sie Ihre Situation nicht ändern, dann werden Sie folgendes unangenehme Ergebnis erzielen"; „Wenn Sie nichts auf die Seite legen, dann haben Sie im Notfall keine Reserven."

Lösung

Eine Lösung anbieten mit: „Wenn Sie dies oder jenes tun, dann wird sich das folgende positive Ergebnis für Sie einstellen. So erreichen Sie schneller und sicher Ihre finanziellen Ziele."

Roland Arndt: Nun sind die Menschen ja bekanntermaßen nicht gleich. Wie ist Ihre Erfahrung? Ist dieses 4-Stufen-Gespräch immer erfolgreich?

Hans-Jürgen Backhaus: Es gibt wahrscheinlich nichts, was bei allen Menschen zum Erfolg führt. Das macht die Arbeit vielleicht sogar besonders interessant. Wenn Sie feststellen, dass bei einem Schritt Widerstände oder Schwierigkeiten auftauchen, dann gehen Sie einfach einen Schritt zurück, bis das Hindernis beseitigt ist; so ähnlich wie das Zurückschalten des Ganges beim Autofahren.

Mit Empfehlungen Beziehungen ergründen

Betrachten wir an dieser Stelle doch einmal die Qualität der Beziehung zwischen den Geschäftspartnern. Es ist schon ein Unterschied, ob man seinen Gesprächspartner sehr lange kennt, oder ob der persönliche Kontakt relativ frisch ist. Weiterhin spielt es auch eine Rolle, welche Intention hinter den Empfehlungen steht – sollen dadurch Kundenbeziehungen aufgebaut werden, werden Mitarbeiter gesucht oder geht es um ganz andere Aspekte.

Es ist wichtig mit zu berücksichtigen, was dem Gespräch vorangegangen ist. Hat ein Beratungs- oder ein Verkaufsgespräch stattgefunden? Lief das Gespräch auf zwangloser Basis, oder handelt es sich um einen Kontakt, der durch eine Firma hergestellt worden ist? Alle diese Antworten haben Auswirkungen auf das Gefühlsleben unseres Gesprächspartners und beeinflussen seine Verhaltensweise.

Als ich selbst im Beratungsgeschäft anfing, war ich für jeden guten Tipp von erfahreneren Leuten dankbar. Einer meiner erfolgreichen Kollegen sagte mir damals, dass eine Empfehlung nicht nur der Schritt zum nächsten Kunden ist, sondern dass man damit auch gleichzeitig erkennen kann, wie gut die Beziehung zwischen Berater und Kunde ist. Wenn es bei einem Kundengespräch keine Empfehlungen gibt, dann muss an der Beziehung noch gearbeitet werden, und zwar so lange, bis die Empfehlungen funktionieren!

Beispiel:

Ich habe mal eine solche Erfahrung mit einem guten Kunden gemacht, den ich immer sehr bewundert hatte und der mich auch immer weiterempfahl. Eines Tages brach diese Basis förmlich weg. Trotz aller Beharrlichkeit waren keine weiteren Empfehlungen zu bekommen, aber die Geschäftsbeziehung blieb bestehen. Ich verstand das überhaupt nicht, aber es war einfach nichts zu machen.

Etwa 1½ Jahre später traf ich per Zufall eine Bekannte in der Stadt. Ich unterhielt mich mit ihr und fragte sie, wo sie denn jetzt beschäftigt sei. Sie sagte mir, bei Firma X. Ich antwortete, dass das ein Kunde von mir sei. Sie sagte mir daraufhin, dass es im letzten Jahr dort ziemlichen Stress gab, die Firma erhebliche Finanzschwierigkeiten hatte und der Gerichtsvollzieher mehrfach zu Besuch war …

Von einer Minute auf die andere wurde mir klar, warum ich plötzlich keine Empfehlungen mehr bekommen hatte; Herr X wollte sich nicht bei mir blamieren. Wenn er mich irgendwohin empfohlen hätte, wo bekannt war, dass es ihm finanziell schlecht geht, dann hätte ich dies sicher mitbekommen. Und das wollte er wegen seines Images auf jeden Fall vermeiden. Später, als er sein wirtschaftliches Tal gemeistert hatte, klappte es auch mit den Empfehlungen wieder.

Notwendig: Wiedererkennungsmerkmale

Die wenigsten Empfehlungen kommen vollautomatisch. Eine Grundregel für erfolgreiche Empfehlungen ist, dass Ihr Gesprächspartner sich mit Ihnen und mit dem, was Sie tun, identifizieren kann.

Das fängt schon bei der Optik an. Wenn jemand nach Empfehlungen gefragt wird, liegt ihm zunächst einmal besonders am Herzen, sich bei dem Empfohlenen nicht zu blamieren. Das beginnt mit einer der Tätigkeit angemessenen Kleidung. Geschäftsmäßige Kleidung wirkt in der Regel wie eine „Uniform" als Identifizierungsmerkmal mit der Sache. Das gilt bekanntlich in vielen Berufen. Auch der jüngste Polizist repräsentiert in Uniform den Staat, was bei Freizeitkleidung nicht zu erkennen ist. Den Priester erkennen wir leicht am Colar und den Arzt im Dienst am weißen oder grünen Kittel. Ein solches Identifikationsmerkmal schafft einen Vertrauensvorschuss. Wenn Sie es also leicht haben wollen, dann setzen Sie angemessene Kleidung als Hilfsmittel ein.

Eine weitere wichtige Regel besteht darin, von Beginn des Gesprächs an systematisch auf das Ziel „Empfehlung" hinzuarbeiten. Dies kann schon mit einer Bemerkung beginnen, auf wessen Empfehlung hin Sie zu Ihrem Gesprächspartner gekommen sind.

Roland Arndt: Wir müssen ein Empfehlungs-Bewusstsein ganz neu aufbauen, vom ersten Augenblick des Termins an. Man kann sogar sagen: Das Wichtigste bei Verkaufs- und Beratungsgesprächen sowie bei Service-Terminen sind die „angenommenen" Empfehlungen. Jeder Mensch hat um sich herum sein eigenes Kontakt-Universum. Und das gilt es zu erschließen, um noch mehr Menschen Nutzen zu bieten und selbst dabei noch erfolgreicher zu werden. Gibt es aus Ihrer Erfahrung heraus eine Art Rezept, Herr Backhaus?

Hans-Jürgen Backhaus: Nachfolgend erhalten die Leser ein „Rezeptbuch" mit einigen Regeln, die sie als Orientierungshilfe benutzen können. Ich habe sie „Die zehn Gebote für Empfehlungen" genannt:

Zehn Gebote für den richtigen Umgang mit Empfehlungen

1. Gehen Sie mit jedem Menschen nach Möglichkeit so um, als wenn er für Sie der wichtigste Mensch auf der Welt wäre.

2. Bauen Sie auch bei einem nicht erfolgreichen Gespräch eine positive Brücke. Man weiß nie, wann man sich das nächste Mal begegnet und sich zu einem späteren Zeitpunkt Gutes tun kann.

3. Empfehlungen sollten Sie zielstrebig und beharrlich ansprechen, aber nicht mit Gewalt! Jeder Mensch ist auch mal in einer Verfassung, in der er selbst etwas Richtiges nicht tun will oder kann.

4. Gewinnen ist wichtiger als Recht haben!

5. Je öfter Sie üben, desto besser funktioniert es! Aber auch Vollprofis wissen, nichts funktioniert 100-prozentig; getreu dem Spruch: Das System ist gut, nur der Mensch ist noch dazwischen!

6. Seien Sie dankbar; lassen Sie den Empfehlungsgeber nicht einfach „sitzen", sondern geben Sie ihm Feedback! Teilen Sie Ihrem Empfehlungsgeber mit, was aus seinen Empfehlungen geworden ist. Das baut Vertrauen auf.

7. Beachten Sie das Gesetz der großen Zahl; verschaffen Sie sich eine Ausgangssituation, in der Sie es sich leisten können, auf jede Art von Druck zu verzichten. Wenn Sie sich ein genügend großes Empfehlungspotenzial zugelegt haben, dann können Sie es sich auch leisten, auf Empfehlungen in der entsprechenden Situation zu verzichten.

8. Ungenutzte Kontakte sind genauso wenig wert wie keine Kontakte. Bauen Sie sich deswegen eine Datenbank von zunächst „unfruchtbaren" Empfehlungen auf. Gehen Sie diesen von Zeit zu Zeit erneut nach.

noch: Zehn Gebote für den richtigen Umgang mit Empfehlungen

9. Bauen Sie zu Ihrem Gesprächspartner eine Vertrauensbasis auf, damit dieser sich beim „Empfehlen" sicher fühlt. Empfehlungsgeber haben Angst, gute Beziehungen zu gefährden oder sogar Freunde zu verlieren.

10. Besprechen Sie deshalb mit Ihrem Empfehlungsgeber auch wichtige Gründe für gute Empfehlungen. Vermeiden Sie den Eindruck, dass der andere bevormundet werden soll.

Wenn man diese Regeln beachtet, dann ist nicht nur eine gute Grundlage für Empfehlungsgespräche geschaffen, sondern auch das Fundament für eine langfristige und dauerhafte Geschäftsbeziehung gefestigt.

„Verkehrstechniken" für die „Empfehlungsstraße"

Empfehlungen kann man auf ganz unterschiedliche Art und Weise erhalten. Das ist je nach Situation, Geschäftsbereich und Mentalität des Kunden ganz verschieden. Es gibt eine ganze Reihe von Techniken, die dazu dienen, auf der „Empfehlungsstraße" gut vorwärts zu kommen oder sogar „Rennen zu fahren".

Diese Techniken folgen einer inneren Logik. Das Grundgerüst ist für jeden erlernbar. Der Lernprozess lässt sich in verschiedene Abschnitte untergliedern:

- Hören oder lesen

- Verstehen und nachvollziehen

- Umsetzen auf die eigene Persönlichkeit

- Üben, üben, üben

- Feedback oder Überprüfung durch einen Profi

- Praktische Übungen in der Realität

- Ergebnisse erfassen und sortieren

- Empfehlungsgespräch im Training optimieren

- Erneute Anwendung in der Praxis

- Routine durch regelmäßige Anwendung und zwischendurch immer wieder mal einen „Empfehlungsgesprächs-TÜV" (Sind meine Gespräche und Beispiele noch aktuell, auf der Höhe der Zeit, treffen Sie den Erfahrungshorizont meiner derzeitigen Gesprächspartner, usw.)

Wie diese Punkte im Einzelnen funktionieren, wird auf den folgenden Seiten ausführlich behandelt und erklärt.

2. Von der Empfehlung zum Beziehungs-Management

Wenn Sie in der Verkaufsbranche oder im Beratungsgeschäft tätig sind und einmal ganz aufmerksam und gezielt andere Berater und Verkäufer beobachten, dann werden Sie aller Voraussicht nach eine ganz erstaunliche Beobachtung machen: Gerade diese Menschen, die von frischen Kontakten und Geschäftsanbahnungen leben, halten sich auf größeren Versammlungen wie zum Beispiel Seminaren oder Kongressen fast ausschließlich bei den Personen auf, die sie schon kennen. Ist das die so intensiv trainierte Kontaktfähigkeit?

Eines der häufigsten Themen auf Verkäufer-Seminaren ist die Frage, wie komme ich an Kontakte für das Produkt, das ich anzubieten habe. Offensichtlich und vielleicht auch Gott sei Dank sind die Kontaktfähigkeit und die Fähigkeit, Beziehungen herzustellen und zu pflegen, auch in den so genannten Kontaktberufen gar nicht so verbreitet, wie man oft glaubt. Wer es beherrscht, Kontakte zu knüpfen, hat wenig Konkurrenz!

Die nachfolgenden Anleitungen und Tipps sollen dazu beitragen, dass Sie viel Zeit einsparen und von bereits vorhandenen Erfahrungen profitieren können.

Die Empfehlungs-Pyramide: Struktur und Systematik der verschiedenen Empfehlungstypen

Untersuchen wir zunächst einmal die Struktur und Systematik der Empfehlungen. Diese kann man in verschiedene Typen untergliedern, wie die folgende Darstellung der „Empfehlungs-Pyramide" zeigt:

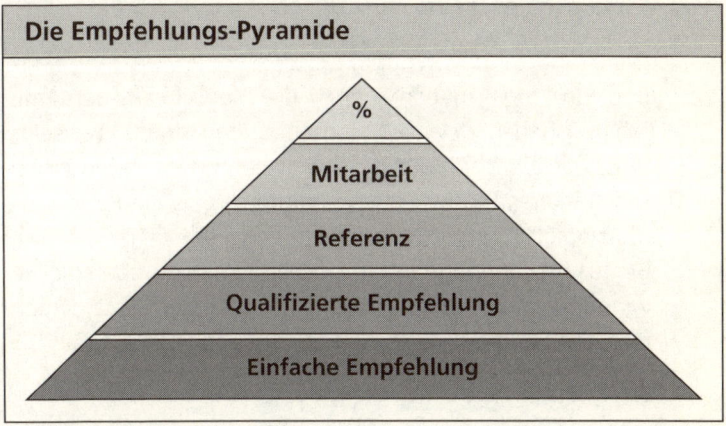

Die Empfehlungs-Pyramide

%

Mitarbeit

Referenz

Qualifizierte Empfehlung

Einfache Empfehlung

■ Einfache Empfehlung

Darunter fassen wir die Empfehlungen zusammen, die der Empfehlungsgeber ohne größere Überlegung abgibt und die keinen besonderen Qualitätswert haben.

■ Qualifizierte Empfehlung

Eine stärkere Wirkung haben die „qualifizierten Empfehlungen", die etwa eine besondere Zielgruppe beinhalten. Dies sind zum Beispiel mögliche Kunden mit ganz bestimmten

Kauf- oder Erwerbszielen. Oder auch Kunden mit bestimmten Käufermerkmalen wie zum Beispiel Einkommen, Beruf, Familienstand, Lebensgewohnheiten.

■ Referenzen

Unter „Referenzen" katalogisieren wir die Empfehlungen, bei denen der Empfehlungsgeber mit der Person des Beraters oder Verkäufers ganz besondere Qualifikationen oder Qualitätsmerkmale gegenüber der empfohlenen Person verbindet. Hierbei wird der Empfehlungsgeber in der Regel selbst stark aktiv.

■ Für die Mitarbeit gewinnen

Dann gibt es – bevorzugt in Organisationen wie den Finanz- und Strukturvertrieben – noch die Möglichkeit, den Empfehlungsgeber für eine Mitarbeit zu gewinnen. Wer selbst arbeitet, hat schon aus geschäftlichen Gründen ein erheblich stärkeres Motiv, weiterzuempfehlen als die Person, die dies lediglich aus „Dankbarkeit" oder ähnlichen Motiven heraus tut. Deswegen ist in solchen Organisationen die Gewinnung eines Kunden für eine Mitarbeit auch eine der lukrativsten Empfehlungstechniken.

■ Erfolgsabhängige Beteiligung

Letztlich besteht aber auch die Möglichkeit, einflussreiche Personen an einem Empfehlungsergebnis erfolgsabhängig zu beteiligen. Dies wird gern von Versicherungen gemacht. Personalchefs, Mitarbeiter an den entsprechenden Stellen im öffentlichen Dienst oder bei der Bundeswehr erzielen durch solche Empfehlungen ganz erhebliche Einkommen. Diejenigen, die diese Kooperation auslösen, zum Beispiel der Versicherungsvertreter oder Bausparberater, haben damit einen ständigen Zufluss an potenziellen Kunden

Empfehlungsstrategien

Wenn wir einen Kunden nach Empfehlungen fragen, dann sollten wir wissen, dass es außer den natürlichen Hemmungen und Vorbehalten, die ein Kunde entwickelt, auch praktische Hindernisse gibt, die wir überwinden müssen.

Der Berater sitzt mit dem Kunden zusammen und versucht im Verlauf des Gesprächs neben dem Ziel des Abschlusses auch gleichzeitig den richtigen Zeitpunkt für die Frage nach Empfehlungen herauszufinden. Bei meinen Trainings gebe ich den Teilnehmern immer folgende Devise als Merksatz mit:

Profi-Tipp:

„Man kann eine Empfehlung erhalten vor, während oder nach der Beratung, aber auch anstatt der Beratung."

Empfehlung vor der Beratung

Vorher ist es möglich, wenn man aus der Empfehlung eine „Bedingung" macht, zum Beispiel so: „Herr Kunde, ich habe heute eine so ausgefallene und interessante Sache für Sie mitgebracht, dass wir auf Grund der hohen Vorteile für den Kunden die dafür notwendigen Informationen nur Personen zugänglich machen, die nachweisen können, dass Sie sich in einer bestimmten Situation befinden (bestimmte Leute kennen, usw.). Deshalb möchte ich Sie im Vorfeld bitten, mir zwei oder drei Personen zu benennen, die folgende Merkmale erfüllen: …"

Empfehlungen während der Beratung

Während des Beratungs- oder Verkaufsgesprächs lassen sich Empfehlungen auf eine sehr entspannte Art beschaffen. Zum Beispiel wende ich in unserem Geschäftsbereich, der als typisches Merkmal eine Zwei-Phasen-Beratung hat (1. Gespräch zur Aufnahme von persönlichen Daten; 2. Gespräch Beratung mit Lösungsvorschlägen), folgende Methode an: „Herr Petersen, wie heißen Ihre Geschwister; könnte ein solches Gespräch auch für sie von Nutzen sein?" oder „Geben Sie mir doch bitte die Adresse Ihres Versicherungsvertreters (Bausparberaters). Häufige Gegenfrage des Kunden: „Was wollen Sie denn damit?" Meine Antwort: „Im Unterschied zu Ihrem bisherigen Berater (oder Verkäufer) vertrete ich ein umfassendes Angebot, und im Laufe der Zeit habe ich schon mit verschiedenen Kollegen von der Konkurrenz eine Kooperation begonnen, bei der ich diesen meine Beratung in den Bereichen für deren Kunden zugute kommen ließ, die diese Kollegen selbst nicht machten, aber für ihre Kunden brauchten."

Eine solche Vorgehensweise wäre auch für einen Handwerker denkbar, der Installationen macht, aber keine Badezimmer verkauft, oder der mit einem Elektriker zusammenarbeitet.

Empfehlung statt Beratung

Dann gibt es die Empfehlungen anstatt eines Verkaufs oder einer Beratung. Das geht aber nur persönlich oder bei bestimmten Aktionen. Fast niemand sagt gern „Nein", wenn er Sympathie für den Verkäufer empfindet. Wenn der potenzielle Kunde kein Interesse am Angebot hat, dann kann man diese für den Kunden negative Situation positiv für sich gestalten, indem man ihn sofort nach Empfehlungen von Personen fragt, die stattdessen für das Angebot in Frage kommen.

Das Gleiche gilt auch bei einigen Mailing-Aktionen. Bei Terminvorschlägen gibt man dem potenziellen Interessenten die Möglichkeit, andere Personen für den oder die Termine vorzuschlagen.

Empfehlung nach der Beratung

Nach der Beratung Empfehlungen zu erhalten, ist der häufigste Weg. Bedenken Sie bitte, dass der Kunde in eine „Mini-Prüfungssituation" gerät. Er soll ganz plötzlich interessante Empfehlungen von sich geben. Ein guter Berater oder Verkäufer hilft seinem Kunden dabei, indem er dessen Gedächtnis aktiviert. Meine Lieblingsmethode in diesem Zusammenhang ist die „Dreier-Technik":

Dreier-Technik

- Wie heißt zum Beispiel Ihr bester Freund mit Vornamen …?

  Wie heißt Ihr zweitbester Freund …?

  Ihr drittbester Freund …?

- Wie heißen Ihre drei besten Bekannten außer Ihren Freunden?

- Nennen Sie mir bitte drei Personen, die immer über ihre hohen Steuern jammern.

- Kennen Sie drei Personen, die eine hohe Miete zahlen?

- Kennen Sie drei Personen, die in den nächsten Jahren ein Haus kaufen oder bauen wollen?

- Kennen Sie drei Personen, die ehrgeizig sind und im Leben vorwärts kommen wollen?

Achtung: Jeder Leser sollte sich an dieser Stelle weitere Beispiele aus seinem eigenen Arbeitsbereich einfallen lassen und ergänzen. Bei dieser Technik gibt es in den meisten Bereichen spontan ein oder zwei Empfehlungen. Zehn mal zwei sind bereits 20. Und das reicht für weitere Geschäftsanbahnungen.

Fragen Sie nach möglichst vielen Ansatzpunkten wie Familienstand, Alter, Beruf, Einkommen, Miete oder Eigentum, Kindern und nach deren Alter sowie nach persönlichen Zielen, Hobbys oder sonstigen Merkmalen der empfohlenen Person. Dies ist zwar etwas aufwendig, bietet Ihnen aber die Möglichkeit, sich auf die Person möglichst gut einzustellen, die Sie dann kontaktieren wollen.

Vornamensliste

Auf der Liste mit Vornamen (je eine für Männer und Frauen) lassen Sie Ihren Kunden alle die Vornamen ankreuzen, bei denen dem Kunden eine Person einfällt. Dann anschließend gemeinsam mit dem Kunden weiter vervollständigen.

Berufsliste

Die Berufsliste bietet noch einen zusätzlichen Vorteil gegenüber den anderen Methoden. Sie kommen bei den Empfehlungsgebern in ganz verschiedene Umfelder in Bezug auf Persönlichkeit, Beruf und Einkommen. Jeder kennt einen Arzt oder Apotheker, einen Bäcker oder einen Anwalt. Normalerweise finden Sie bei Ihrem Kunden, wenn er nach Sympathie oder Bekanntheitsgrad empfiehlt, immer wieder ähnliche Gegebenheiten bei den Empfohlenen wie bei diesem selbst. Die Berufsliste führt zu ganz anderen Ergebnissen – hinaus aus dem üblichen Umfeld.

Spieltrieb nutzen

Sie können auch den Spieltrieb eines Kunden aktivieren. Ich hatte vor einigen Jahren einmal einen zufriedenen Kunden, der aber nach seiner Aussage niemanden kannte. Da ich dringend neue Adressen brauchte, ließ ich mir etwas Besonderes einfallen. Ich dachte über den Wert von Empfehlungen nach, dann fuhr ich zur Bank und besorgte mir zwei Rollen Markstücke. Danach besuchte ich verschiedene Kunden, unter anderem auch den Besagten, nennen wir ihn einfach Schmitz.

Beispiel:

Berater: „Herr Schmitz, haben Sie schon mal in zwei Stunden 100 D-Mark verdient?"

Schmitz: „Nein."

Berater: „Sie haben sicher im Fernsehen schon mal das Quiz ‚Jede Sekunde ein Schilling' gesehen?"

Schmitz: „Ja."

Berater: „Ich habe heute etwas für Sie mitgebracht (dabei holte ich die zwei Rollen Markstücke aus der Tasche. Die eine brach ich auf und ließ die Markstücke auf den Tisch des Kunden klimpern. Dann legte ich außerdem noch meine Empfehlungsliste dazu und fuhr fort). Wir machen heute nicht das Spiel ‚Jede Sekunde ein Schilling', sondern ‚Jede Adresse eine Mark'. Wenn Sie hundert Adressen zusammenbekommen, dann erhalten Sie die 100 D-Mark."

Schmitz: „Einverstanden!"

Wir fingen an und immer, wenn zehn Adressen zusammenkamen, baute ich ein Türmchen mit zehn 1-D-Mark-Stücken. Nach etwa einer Stunde kam ein Bekannter von Herrn Schmitz vorbei, der auch bei dem Spiel mitmachen wollte.

Nach diesem Termin ging ich nach 3¾ Stunden mit etwa 380 Adressen nach Hause, und Herr Schmitz freute sich über die 100 D-Mark. Der andere wollte gar kein Geld!

Sympathie-Faktor

Viele Empfehlungen habe ich auch auf Grund von Sympathie bekommen. Oft habe ich die Empfehlungsgeber dann zu einem Essen eingeladen.

Wettbewerb veranstalten

Bei Gruppenveranstaltungen habe ich auch schon des Öfteren Folgendes gesehen und selbst praktiziert. Man nimmt eine Liste mit Berufsbegriffen und Vornamen oder andere Assoziationen. Dann veranstaltet man einen zeitlich begrenzten Wettbewerb. Jeder nimmt ein Blatt Papier und schreibt zu jedem genannten Begriff möglichst viele Namen von Personen auf, die ihm dazu einfallen – Dauer etwa fünf bis sieben Minuten. Derjenige mit den meisten Namen bekommt eine Flasche Sekt oder einen anderen Kleinpreis.

Widerstände erkennen und überwinden

Wenn Sie Ihren Gesprächspartner von Anfang an aufmerksam beobachten, dann werden Sie sehr schnell feststellen, ob eventuelle Widerstände vorhanden sind. Wenn ja, empfiehlt es sich, schon sehr früh immer wieder im Verlauf des Gesprächs das Thema Empfehlungen anzuticken. Suchen Sie sich dafür bitte Stellen aus, an denen die Frage nach Personen logisch und zwangsläufig erscheint.

Stellen Sie zwischendurch eine Testfrage, zum Beispiel: „Glauben Sie, dass diese Frage Ihren Bruder (Geschäftspartner, Arbeitskollegen) auch interessieren könnte?" Wenn Sie Zustimmung spüren, dann sind Sie auf dem Weg, die Widerstände aufzuweichen. Aber bitte nicht überziehen!

Argumentationen

Wenn der Kunde keine Empfehlungen geben will, sagen Sie ihm Folgendes:

Beispiel:

Berater: „Herr Petersen, ich arbeite grundsätzlich auf der Basis von Empfehlungen. Nehmen wir einmal an, ich komme über einen anderen Weg zu Ihrem besten Freund, sagen Sie mir doch bitte nur als Beispiel mal dessen Vornamen ..."

Kunde: „Fritz".

Berater: „Und dann stelle ich Ihrem Freund Fritz genau das vor, was ich jetzt mache. Der ist hoch begeistert, weil er z. B. einen Vorteil von 1000 Euro pro Jahr hat und empfiehlt mir Sie! (Kleine Pause.) Dann sage ich ihm: Tut mir leid, aber Herr Steffens ist schon seit zwei Jahren Kunde. Wenn mich Ihr Freund Fritz dann fragt: ‚Warum hat er mir das denn nicht gesagt?', was soll ich ihm dann antworten? Dass Sie ihm das nicht gegönnt haben? Oder dass Sie ihm nicht zugetraut haben, selbst eine Entscheidung zu treffen?" Meistens ist der Gesprächsweg dann offen.

Eine andere Variante: Sie sagen zu Ihrem Kunden: „Erinnern Sie sich noch, wie ich zu Ihnen gekommen bin? Es war eine der Empfehlungen von Herrn Meier. Daraufhin habe ich Sie kontaktiert und wir haben einen Termin vereinbart. Eine der Empfehlungen von Herrn Meier war nicht interessiert. Daraufhin habe ich mich bei diesem für das kurze Gespräch bedankt und mich dann verabschiedet. Genauso werde ich auch bei Ihren Empfehlungen vorgehen, falls der gleiche Fall eintritt. Aber wir wollen doch im Sinne der Kunden alle Chancen für deren Vorteile nutzen, stimmt's?

Empfehlungen in Beziehungen verwandeln

Vor einigen Jahren lernte ich einen Handelsvertreter für Wein und Sekt kennen. Mit diesem ging ich aus Interesse ein paar Mal auf Tour, um zu sehen, wie er an seine Aufträge kam. Er betrat einen Supermarkt, ging zum Marktleiter und begrüßte diesen: „Guten Tag, wie geht's? Ich bin wieder da." Marktleiter: „Schön." Vertreter: „Ich gehe dann mal schauen."

Dann geschah etwas Erstaunliches. Der Vertreter notierte die zu bestellenden Marken und Flaschen, ging wieder zum Marktleiter und gab diesem das Blatt. Er sagte: „Das fehlt und muss bestellt werden. Schauen Sie sich den Auftrag doch mal kurz an und dann faxen Sie ihn mir bitte zu ... Na, dann – auf Wiedersehen und bis zum nächsten Mal." – „Tschüss."

Als wir draußen waren, fragte ich ihn: „Wie funktioniert denn das? Sie haben ja gar kein Verkaufsgespräch geführt. Nur selbst die Bestellung ausgefüllt und abgegeben. Ist das in Ihrer Branche so üblich?" Er antwortete mir: „Nein, natürlich nicht, aber ich mache ‚Hinaus-Verkauf' und meine Kollegen machen ‚Hinein-Verkauf'. Darin liegt der Unterschied!"

Auf mein Befragen hin erklärte er mir, dass seine Kollegen in so einem Supermarkt den Marktleiter besuchen und ihm etwa Folgendes sagen: „Ich habe da ein paar ganz tolle Weine ..." Woraufhin der Marktleiter antwortet: „Oh Gott, oh Gott, bleiben Sie mir damit weg, wir haben schon jede Menge Regale voller Weine, da brauchen wir erst einmal keine neuen."

Der erfolgreiche Vertreter erklärte mir weiter: „Ich mache Hinaus-Verkauf: Wenn ich eine Geschäftsbeziehung anfange, überlege ich mir zunächst, was den Kunden am meisten interessiert. Dann beginne ich das Gespräch zum Beispiel folgendermaßen: Guten Tag, Herr ... , mein Name ist ... Ich hätte da mal eine Frage an Sie. Würde es Sie interessieren zu erfahren, wie Sie den Wein in Ihrem Geschäft schneller aus den Regalen herausbekommen? Das interessiert diesen natürlich. Dann frage ich ihn, ob ich testweise mal etwas in seinem Geschäft – für ihn kostenlos – ausprobieren könnte. Das tue ich dann auch. Und schon bekomme ich danach ein Regal in seinem Geschäft."

Ich habe mir das ein paar Mal angeschaut. Es funktioniert. Seit dieser Zeit denke ich in vielen Fällen, bevor ich anfange, darüber nach, wie hier ein „Hinaus-Verkauf" aussähe. Es ist eine gute und wirksame Methode, um dauerhafte Beziehungen anzuknüpfen.

Hightech-Welt – andere Welt?

Zum Schluss noch etwas über moderne Zeiten. Unsere Welt ist heute vielfältiger, bunter und abwechslungsreicher als noch vor 20 Jahren. Und sie ist voller Hightech und Multimedia. Ich bin ein Fan von Internet, E-Mail und moderner Kommunikation. Diese spart nicht nur Zeit und Wege, sondern verschafft uns auch ganz andere Möglichkeiten des Informationstransfers. Wer hat noch Lust dazu, auf einer Schreibmaschine zu schreiben, Fehler mit Tipp-Ex zu korrigieren und Vervielfältigungen mit Matrizen zu machen, anstatt einen PC zu benutzen.

Lassen Sie sich beim Umgang mit Menschen trotzdem nicht dazu verlocken, mangelnde Persönlichkeit durch Technik ersetzen zu wollen.

Beispiel:

Ich besuchte einmal einen Unternehmer aus der Maschinenbaubranche, der angeblich immer nur ein paar Minuten Zeit für ein Gespräch hatte. Wir saßen zu dritt in seinem großen Konferenzraum für 20 Personen, und er begann das Gespräch wie folgt: „Mit welchem Medium möchten Sie denn arbeiten?" Als ich ihn fragte, wie er das denn meine, antwortete er: „Der letzte, der hier war, hat einen Dia-Vortrag gemacht." Ich antwortete ihm daraufhin: „Wenn ich Ihnen zeigen wollte, wie gut ich in Technik bin, dann hätte ich Sie in mein Büro eingeladen. Aber eigentlich bin ich gekommen, um mit Ihnen ein Gespräch zu führen. Was halten Sie denn davon, wenn ich meinen Block heraushole und Ihnen das Wesentliche mit einer Skizze erkläre. Die ausführlichen Unterlagen für Ihre Verwaltung zum Nachrechnen habe ich auch mitgebracht. Da können sich Ihre Experten mit beschäftigen."

Sein Gesicht hellte sich so auf, als wenn die Sonne aufgegangen wäre. Nach ca. 20 Minuten waren wir mit dem Geschäftlichen fertig. Danach haben wir uns angeregt noch über eine weitere Stunde über ihn selbst, seine Familie, seine Wünsche und seine Hobbys unterhalten. Beim nächsten Besuch hatte er sich außerdem einen ganzen Vormittag freigenommen und mich am Schluss noch zum Essen eingeladen.

Profi-Tipp:

Technik ja, aber dann auch an der richtigen Stelle und zum richtigen Zeitpunkt. Wir machen unsere Geschäfte mit Menschen – und diese brauchen auch Menschen!

Impuls:

Notieren Sie die für Sie wesentlichen Details für qualifizierte Empfehlungen. Denn professioneller Kontaktaufbau beginnt mit professionellen Empfehlungen.

1. Wie bauen Sie bei Ihrem Gesprächspartner ein Empfehlungs-Bewusstsein auf?

   ....

   ....

2. Wie sammeln Sie im gesamten Analyse-Termin Empfehlungs-Impulse?

   ....

   ....

3. Wie nutzen Sie 7 Prozent Ihrer Wirksamkeit durch Ihre Worte?

   ....

   ....

4. Wie nutzen Sie 38 Prozent Ihrer Wirksamkeit durch Ihre Stimme?

....

....

5. Wie nutzen Sie 55 Prozent Ihrer Wirksamkeit durch nonverbale Kommunikation?

....

....

6. Wie können Sie dem Empfehlungsgeber beweisen, dass er Sie mit einem guten Gefühl weiterempfehlen kann?

....

....

Phone-Power: Professionelles Empfehlungs-Management

7

1. Empfehlungs-Management – ein Erfolgskreislauf

Wir müssen das Empfehlungs-Management organisieren. Wir dürfen es nicht dem Zufall überlassen. Wir brauchen eine niemals endende Energie für den Bereich Neukontakt und Beziehungpflege, um jede Chance für das Auslösen von Empfehlungen zu erkennen und aktiv zu nutzen.

Das funktioniert am besten über einen entsprechenden täglichen Arbeitskreislauf. Die Fähigkeit zum ersten Schritt wirkt Wunder. Die Beratung, der Verkauf, die Weiterempfehlung sind die Wege, die letzten Endes auch zum Umsatz führen. Geld spielt eine bedeutende Rolle für unsere Karriere, unseren Lebensstandard und der (wohl) in jedem Menschen lebendigen Sehnsucht nach einer gewissen finanziellen Unabhängigkeit. Allerdings stellen die Finanzen keinen Selbstzweck dar. Um uns in der Seele ein schönes Gefühl erleben zu lassen, genügt nicht die Schenkung, das Erbe, der Lottogewinn. Wir Menschen fühlen uns erfüllter und erfolgreicher, wenn uns diese Leistung „aus eigener Kraft" gelungen ist. Der Erfolg führt über andere Menschen zu uns zurück.

Profi-Tipp:

- Wir helfen unseren Kunden, ihre Probleme zu lösen, und der Erfolg führt zu uns zurück.

- Wir führen unsere Mitarbeiter zu deren Karrieresprung, und der Erfolg kommt erneut zu uns.

- Wir besiegen „Angst und inneren Schweinehund", und der Erfolg täglicher Aktivitäten wird nutzbar.

Den emotionalen Mehrwert nutzen

Wenn die Vorteile unserer Produkte und Dienstleistungen dem Interessenten bewusst gemacht und von ihm erkannt werden, hat er schnell das Gefühl, für sein Geld einen echten Gegenwert zu erhalten. Wenn ihn dann zusätzlich die Person des Beraters/Verkäufers begeistert, dann entsteht ein emotionaler Mehrwert, der oft spontan hilft, ein neues Empfehlungs-Bewusstsein aufzubauen.

Der Arbeitskreislauf beginnt beim ersten Kontakt zu Ihren Zielpersonen. Am Anfang steht oft ein Telefonat auf Empfehlung eines Kunden. Und mit diesem Telefonat klopfen wir an die Tür einer möglichen neuen Kundenbeziehung an. Hier bereits, bei diesem ersten Telefongespräch, treffen wir auf das beim anderen vorhandene Gefühl für den Aspekt Empfehlungen. Und diese Emotionen werden sich mit großer Wahrscheinlichkeit auf die Art seiner aktiven Mundpropaganda auswirken.

Es gibt drei Hauptgründe, warum ein Mensch vielleicht keine konkreten Empfehlungen aussprechen möchte.

- Er selbst hat schon einmal schlechte Erfahrungen mit dem Thema Empfehlung gemacht. Vielleicht ist er ausgenutzt worden oder ein Freund hat sich beschwert, fühlte sich vom „Verkäufer" überrumpelt.

- Er kennt jemanden, der bereits einmal unglücklich mit dem Thema „Empfehlung" Bekanntschaft gemacht hat. Vielleicht hat dieses Erlebnis sogar in der Firma die Runde gemacht. Jeder erinnert sich noch daran. Das soll ihm auf keinen Fall erneut widerfahren.

- Der Berater/Verkäufer liegt ihm nicht und erscheint nicht als empfehlenswert, Produkte oder Dienstleistungen heben sich nicht positiv von anderen Anbietern im Markt ab.

Geben Sie also gleich zu Anfang eines Kontaktes Ihre Persönlichkeit zu erkennen. Stellen Sie sich mit Ihrer „Telefonischen Visitenkarte" wirksam vor. So fühlt sich der andere gut angesprochen und öffnet sich leichter für eine Verabredung.

Wichtig: Wir können einmal, aber auch 1000-mal erfolgreich telefonieren. Doch bei jeder Kontaktaufnahme nutzen wir den Lernprozess aus den bereits geführten Telefonaten. Jeder Mensch kann vierfach für Sie von Interesse sein:

- als Kunde
- als Mitarbeiter
- als Empfehlungsgeber/Kooperationspartner
- als menschliche Bereicherung

2. Ihre „telefonische Eintrittskarte"

In den ersten Sekunden entscheidet sich bereits, ob das Telefonat überhaupt weitergeführt wird. Beim Telefonieren ist also der erste Eindruck von besonderer Bedeutung. 100-prozentig wissen wir nie, in welcher Situation sich der Angerufene gerade befindet. Also: mit Respekt und Vorsicht in den Lebens- oder Arbeitsbereich des anderen hinein telefonieren. Folgende vier Punkte unterstützen Sie in jedem Telefongespräch:

Ihre Freundlichkeit und Ihre innere Einstellung

Freundlichkeit ist wieder beliebt. Sie besitzt etwas Verbindendes, schafft Atmosphäre von Interesse und Vertrauen. Die erfolgreiche Wirkung von Freundlichkeit entwickelt sich meist schnell zum angenehmen Dialog weiter. Der Empfohlene spürt, er steht im Mittelpunkt unseres Anrufs.

Neue Mitarbeiter dürfen gern als positive Zeugen unsere Freundlichkeit am Telefon erleben. Sie nehmen so das hohe Niveau in unserer Kommunikation wahr. Sie bekommen ein ganz neues Gefühl für Arbeit und Zusammenarbeit, und sie merken, dass Spitzenleistungen viel schneller möglich werden.

Freundlichkeit, Fairness und Respekt führen zu einer guten Beziehungsebene. Eine freundliche Stimme lässt eine angenehme Stimmung entstehen. Und diese verbindende Atmosphäre schafft die „menschlichen Voraussetzungen" für tägliche Telefonerfolge, z. B. fest vereinbarte Termine für persönliche Gespräche.

Ihre Glaubwürdigkeit

Alles, was wir am Telefon sagen, muss nachprüfbar stimmen. Mit Glaubwürdigkeit und Zuverlässigkeit können wir uns in der heutigen Zeit von vielen anderen Menschen positiv abheben. Legen wir uns mit unseren Worten fest, stehen wir dazu. Das, was einer sagt, muss er auch einhalten – ohne Wenn und Aber, ohne Ausreden und Schuldzuweisungen an andere. Zuverlässigkeit schafft eine wunderbare Basis für langjährige Zusammenarbeit und Kundenbindungen.

Ihre emotionalen Fähigkeiten

Es ist oft gar nicht so falsch, „was" gesagt wird, sondern „wie" er oder sie sich mit der Stimme ausdrückt. Da spricht jemand über einen Investmentfonds und meint: „Der entwickelt sich gar nicht schlecht". Wenn uns etwas gut gefällt, dann dürfen wir es gern motivierend ausschmücken, so dass sich der andere auch „ein positives Bild davon" machen kann, zum Beispiel: „Aus den Gewinnen dieses Fonds finanzieren einige meiner Kunden ihre Absicherung für später."

Mit positiven Formulierungen erzeugen wir aktive Impulse vor dem geistigen Auge. Und darauf kommt es an: „Jedes Telefonat wirkt nur mit der Intensität wie das Gefühl, das es entstehen lässt".

Statt: „Herr Dr. Mewes ist nicht da. Wann er wiederkommt, weiß ich auch nicht. Da kann ich Ihnen auch nicht helfen …", verwenden Sie lieber etwas Ähnliches wie: „Schön, dass Sie anrufen, Herr Wellershaus. Herr Dr. Mewes ist ab ca. 16.00 Uhr wieder im Haus. Nennen Sie mir doch bitte Ihre Telefonnummer und einen Zeitpunkt, wann er Sie am besten zurückrufen kann. Gerne notiere ich noch ein Stichwort für Herrn Dr. Mewes … Vielen Dank, Herr Wellershaus, und noch einen schönen Tag für Sie."

Profi-Tipp:

Telefonieren bedeutet, einen Menschen durch das Telefon „zu besuchen".

Wir treten in den „Telefon-Raum" anderer Menschen ein. Wir sind bei ihm präsent. Mit unserer Stimme können wir die Chancen nutzen, das richtige Gesprächsklima aufzubauen und gemeinsame Ziele zu erreichen.

Ihre professionellen Vorteile

Wenn wir Profis in der Kommunikation sind, haben wir es beim Aufbau unserer Karriere viel leichter. Sprechen Sie bildhaft und positiv. Arbeiten Sie an Ihrer Stimme, so dass sie interessant und angenehm klingt. Eines der wichtigsten Wörter in unserem Leben ist unser Name. Das gilt ebenso für unseren Kunden. Nennen Sie seinen Namen mindestens am Anfang bei der Begrüßung, dann im weiteren Verlauf zwei- bis dreimal sowie bei der Verabschiedung.

Beispiel:

„Guten Tag, Herr Schneider …

… interessanter Aspekt, Herr Schneider …

… Herr Schneider, ich wünsch Ihnen noch einen schönen Abend."

Sprechen Sie in einer Geschwindigkeit, die Ihrem Gesprächspartner angenehm ist. Passen Sie sich ihm gern ein wenig an, aber bitte, ohne ihn „nachzuäffen". Faustregel: Leicht verständliche Wortkombinationen können flüssig gesprochen werden, besonders bedeutende Inhalte werden langsamer und betonter artikuliert.

Profi-Tipp:

Telefonieren Sie immer auch „schriftlich", mit Stift und Block!

Tragen Sie die vereinbarten Termine sofort in Ihr Zeitplanbuch ein und legen Sie die Telefonnotiz dorthin ab, wo sich die Unterlagen für das persönliche Gespräch befinden. Bereiten Sie jedes Telefonat nach. Das ist Ihr professioneller Vorteil. Sie haben alle Informationen zur Hand und schließen bei erneuten Telefonaten gesprächskompetent und inhaltlich aktuell an.

Betreiben Sie aktive Stimmungspflege nach Ihren Telefonaten. Erhalten oder schaffen Sie für sich nach jedem Telefonat eine gute Gefühlsbasis für das nächste Gespräch. Denken Sie immer an den Nutzen Ihres Gesprächspartners!!! Telefonieren Sie:

- mit Freude,
- zum Nutzen vieler Menschen,
- mit Erfolgsbewusstsein,
- für die Erreichung Ihrer großen Ziele.

3. Immer richtig: Freundlichkeit und Sympathie

Viele Kunden haben den einfachen Wunsch, wie Gäste empfangen zu werden. Es ist nicht schwer, die Menschen am Telefon freundlich, fair und mit Respekt zu behandeln. Dies können Sie täglich trainieren. Immer dann, wenn Sie jemanden anrufen, oder aber Sie nehmen den Hörer von der Gabel, wenn andere Sie telefonisch erreichen möchten, dann kommt Ihre „Telefonische Visitenkarte" zur Geltung. Ihre Stimme braucht das Charisma vom „Nutzenbieten" und „guter Stimmung". Schauen Sie lächelnd in einen Spiegel. Sie werden erleben, dass Ihr Spiegelbild zurück lächelt.

Mit Ihrer persönlichen „Telefonischen Visitenkarte" sprechen Sie die Gefühlsebene des anderen an. Sprechen Sie immer mit einer Stimme, die beim anderen eine positive Stimmung erzeugt und ihm die Freiheit lässt, er selbst zu sein und das zu sagen, was ihm auf dem Herzen liegt.

Gehen Sie als Vorbild voran und geben Sie in jedem einzelnen Telefongespräch Ihr Bestes. Sie wissen doch: Jeder Freund war einmal ein Fremder, jeder Kunde ebenso. Jeder neue Kontakt, den Sie anrufen, kann für Sie zum Kunden, zum Mitarbeiter, zum Empfehlungsgeber oder zum Freund bzw. guten Bekannten werden. Schenken Sie Ihren Kunden und Ihren Freunden das aufrichtige Gefühl von Wertschätzung, Persönlichkeitskompetenz und Zuverlässigkeit. Dann liegen Sie immer richtig, und der Erfolg wird Ihnen Recht geben.

Profi-Tipp:

- Der Nutzen Ihres Kunden ist Ihr Geschäft!

- Ihr Nutzen ist der Vorteil Ihres Kunden! Der Vorteil des Kunden wird zur Empfehlung! Die Empfehlung wird zum Nutzen des Empfohlenen!

- Wo die Angst ist, da ist der Weg zum Erfolg. Auch beim Telefonieren!

Vor dem Telefonapparat selbst kann kein Mensch Unsicherheit bekommen. Er kratzt nicht, beißt nicht und sprüht auch keine Säure ins Ohr. Viele Menschen fühlen sich unsicher vor der Begegnung mit dem Menschen am anderen Ende. Dieses negative Gefühl, die Angst vor dem „Nein", boykottiert besonders Berater und Verkäufer bei ihrer täglichen Aufgabenbewältigung. Letztlich sind wir alle Verkäufer. Zuerst müssen wir uns selbst verkaufen. Dann präsentieren wir die Produkte, die Dienstleistungen plus einem auffallend besseren Service, und dann „verkaufen" wir ihm das gegenseitige, für beide Vorteil bringende Empfehlungs-System. Freundlichkeit ist ein Transportmittel für unsere Sprache und den Nutzen von Mensch zu Mensch und hilft beim gesamten Erfolgsprozess.

Wir alle sehnen uns nach Aufmerksamkeit, Anerkennung und Wertschätzung. Wenn wir anderen Menschen diese Zuwendungen schenken, schaffen wir gute Voraussetzungen dafür, dass wir uns im Geben üben und unsere emotionale Kompetenz steigern.

Erfolg entsteht durch zwei Bereiche: Persönlichkeit und fachliches Know-how. Mit vielen Menschen erfolgreich umgehen können und sich professionell mit Zahlen, Daten und Fakten auszukennen, das ist das Ziel aller Weiterbildungen im Verkauf. Steigern Sie beide Bereiche. Arbeiten Sie an Ihrer menschlichen Reife, und schärfen Sie Ihren Sachverstand für den Kunden. Je mehr Kundengespräche Sie führen, desto mehr Menschenkenntnis und Kommunikationserfahrung erwerben Sie.

Ist die Wirtschaft eigentlich für den Menschen da oder der Mensch für die Wirtschaft? Könnte es stimmen, dass die Wirtschaft ein großer Abenteuerspielplatz für Erwachsene ist? Machen Sie sich gern Ihre eigenen Gedanken dazu. Coachen Sie sich selbst zur empfehlenswertesten Persönlichkeit.

4. Persönliche Checkliste für Telefonerfolge

Checklisten unterstützen uns dabei, effektiv und effizient zu sein. Erstellen Sie Ihre persönliche Checkliste für Ihre täglichen Telefonerfolge:

Telefonerfolge vorbereiten
1. Für meine Meisterschaft im Aufbau und Ausbau von Beziehungen telefoniere ich heute mit höchster Konzentration. Zu welchen Zeiten werde ich heute telefonieren? Wie bereite ich mich inhaltlich darauf vor? Mein Ziel: Kunden-Ziel: Small Talk: Kunden-Motiv: Kunden-Nutzen: Konkrete Vereinbarung: 2. Stimme erzeugt Stimmung, Stimmung wird am Telefon über die Stimme wahrgenommen. Bin ich gut eingestimmt?

noch: Telefonerfolge vorbereiten

Lächeln, Kontrolle durch Tisch-Spiegel, Telefonat mit Geschäftsfreund, Coach oder Lebenspartner vorweg? Wie stimme ich mich optimal auf jedes Telefonat ein?

_____

_____

3. Unterlagen parat, Schreibtisch aufgeräumt, Notizblock, Projektmappe, Zeitplanbuch mit Konsequenzplan für fest vereinbarte Termine?

_____

_____

4. Telefoniere ich, um „Schmerz zu vermeiden" oder um „Freude zu erleben"? Ich gehe den Weg der Freude! Jedes Telefonat bringt Ergebnisse oder Lernerfolg oder beides. Mein Anspruch an das nächste Telefonat:

_____

_____

5. Beim Einhalten von Telefonterminen und sämtlichen Absprachen bin ich absolut zuverlässig! Auf mich ist Verlass. Gilt mein Wort, nicht nur bei Kunden, sondern auch bei Mitarbeitern und sämtlichen privaten Verbindungen?

_____

_____

6. Mit einem „Telefon-Coach" aus meinem Team pflege ich täglich einen offenen kurzen Gedankenaustausch. Wir geben uns ein ehrliches Feedback. Was ist mir bei meinen heutigen Telefonaten noch bewusster geworden? Was ha-

noch: Telefonerfolge vorbereiten

be ich heute dazugelernt? Habe ich meinen „Telefon-Coach" auch wirklich angerufen?

7. Welche Konsequenzen ergeben sich für mich und meine Kontaktpartner konkret aus den neuen Erfahrungen im Umgang mit dem Telefon?

8. Es gibt nur noch „erfolgreiche" Telefonate: Entweder ich erreiche meine (Teil)-Ziele, oder es war ein kostenfreies Trainings-Telefonat. Lernen von und mit Kunden ist mein professioneller Vorteil!

5. Telefon-Teilziele sichern Ihren Erfolgsweg

Wenn Sie im Training einige Ihrer Telefonate aufzeichnen und sich diese als Lernprozess wieder anhören, kann Ihnen diese Checkliste helfen, Ihre Stärken gezielt zu erkennen. So spornen Sie sich und Ihre Mitarbeiter zu weiteren erfolgreichen Telefongesprächen und zu einem niemals endenden Lernprozess an. Prüfen Sie Ihre persönliche Telefonkompetenz:

Telefon-Teilziele erreicht?

	sehr gut	gut	weniger gut
Detail-Informationen Empfehlung?	☐	☐	☐
Mentale Einstimmung?	☐	☐	☐
Optimaler Zeitpunkt?	☐	☐	☐
Begrüßung/Einstieg?	☐	☐	☐
Namen genannt?	☐	☐	☐
Fragen gestellt?	☐	☐	☐
Hat der Kunde Fragen gestellt?	☐	☐	☐
Ruhige, angenehme Stimme?	☐	☐	☐
Verbindliche Atmosphäre?	☐	☐	☐
Festen Gesprächstermin vereinbart?	☐	☐	☐
Telefontermin abgestimmt?	☐	☐	☐
Schriftliche Notizen gemacht?	☐	☐	☐
Gesamteindruck?	☐	☐	☐

Damit das Endziel beim Telefongespräch nicht wie eine Mammut-aufgabe auf Ihnen lastet und Sie bei Ihrem Gespräch behindert, sollten Sie versuchen, Telefon-Teilziele zu erreichen. So kommen Sie mit kleinen Schritten zum großen Erfolg.

Detail-Informationen

Wenn es um Informationen für Ihren Gesprächspartner geht, dann sorgen Sie dafür, dass Sie diese Details vor sich liegen haben.

Die Frage vor jedem Telefonat: Habe ich genügend Detail-Informationen über die anzurufende Person und den inhaltlichen Hintergrund?

Impuls:

Mein wichtigster Impuls für Detail-Informationen:

....

....

Mentale Einstimmung

Lassen Sie nicht zu, dass die vielleicht negative Aufgabe, die Sie vor dem Telefonieren genervt hat, nachfolgende Telefongespräche boykottiert. Schließen Sie alle Aktivitäten erst erfolgreich ab, bevor Sie sich Neuem zuwenden.

Zählen Sie, wenn Sie möchten, vorher von eins bis fünf. Aber nicht im gleichen Takt, sondern verdoppeln Sie die zeitlichen Abstände zwischen den Ziffern: 1-2--3----4--------5----------------1 als kleine Übung dreimal hintereinander. Sie investieren nur ca. 100 Sekunden für neue Kraft und Konzentration.

Sie werden positiv überrascht sein, wie angenehm es ist, die Zeit in dieser einfachen Form „anzuhalten", „auslaufen" zu lassen wie eine Welle, die vom Wind auf den Strand gespült wird. Tanken Sie Mental-Kraft, einfach und wirksam. Es ist Ihr professioneller Vorteil, in jedem Telefonat gut drauf zu sein. Und keiner weiß, wie leicht Sie sich selbst mit dieser Energie versorgen. Sie werden Ihr inneres Lächeln genießen. Üben Sie zuerst laut, so dass Sie Ihre Stimme hören. Später trainieren Sie diesen kleinen Erfolgsbaustein in Gedanken. Niemand weiß um Ihr Erfolgsrezept für blitzschnelle positive Stimmung und Konzentration.

Ihr Lächeln macht Sie stark in jedem Telefongespräch und immer dann, wenn Ihre Spitzenleistung und Persönlichkeitskompetenz gefragt ist.

Impuls:

Mein wichtigster Impuls für meine Mentale Einstimmung:

....

....

Optimaler Zeitpunkt

Wichtig ist der richtige Zeitpunkt für Ihre Telefonate. Rufen Sie auf Grund eines Telefontermins an oder versuchen Sie zu einer Zeit, die Ihnen persönlich gut passt, andere Menschen zu erreichen? Seien Sie absolut zuverlässig in sämtlichen Absprachen. Arbeiten Sie in Telefon-Blöcken. Wir werden nicht immer zu einer einzigen Zeit am Tag sämtliche Kunden erreichen. Wenn Sie die angerufene Person in diesem Augenblick nicht sprechen können, lassen Sie ihr ausrichten, wann die günstigste Zeit ist, Sie per Rückruf zu erreichen.

Sollten Sie auf dem Anrufbeantworter eine Nachricht hinterlassen, so sprechen Sie mit besonders angenehmer Stimme, und wiederholen Sie Ihre eigene Telefonnummer, unter der Sie ab wann und bis wie viel Uhr zu sprechen sind. Ob Sie zusätzlich ein Stichwort nennen, überlassen Sie dem Einzelfall. Wenn der andere allerdings am besten vor dem Rückruf Ihre Mail gelesen haben sollte, dann machen Sie ihm diesen Vorschlag.

Impuls:

Mein wichtigster Impuls für den optimalen Zeitpunkt:

....

....

Begrüßung/Einstieg

Bei der Begrüßung können wir dem anderen bereits ein Gefühl vermitteln, dass wir nett sind und es sich um ein angenehmes Telefonat handelt. Er braucht nichts zu befürchten. Hier kommt etwas Positives auf ihn zu. Wir rufen auf Empfehlung seines besten Freundes, seines Schwagers oder eines netten Kollegen an. Wir beziehen uns auf Menschen, die der andere mag.

Das geht mit der „Telefonischen Visitenkarte" sehr wirksam. Sie begrüßen denjenigen mit seinem Namen, stellen sich kurz vor und vernetzen den anderen mit sich selbst und dem „Empfehlungsgeber". Dann klingt das in etwa wie folgt, wenn er sich mit „Petersen" meldet:

Beispiel:

„Guten Tag, Herr Petersen, hier spricht Roland Arndt, ich darf Ihnen einen schönen Gruß von Ihrem langjährigen Kooperationspartner Dr. Hans Clausen ausrichten." (Meistens bedankt sich nun der andere für den Gruß.)

Dann setzen wir einen Akzent von Respekt und Höflichkeit, indem wir eine kleine Frage nachsetzen, bevor wir zur Sache kommen: „Haben Sie einen kleinen Augenblick Zeit, Herr Petersen?"

Nun kann er sagen: „Ja" oder „Ja, worum geht's denn?" und wir sind genau dort, wo wir sein möchten: bei seiner Aufmerksamkeit für unsere Botschaft.

Ich weiß, viele meiner Trainerkollegen lehnen diese kleine Frage des Respekts ab. Angeblich klingt sie unterwürfig, und das wollen wir natürlich nicht sein. Wir wissen aber meistens nicht, in welcher Situation sich der Kunde befindet, wenn wir ihn anrufen. Vielleicht hat er sich gerade in eine schwierige Aufgabe vertieft. Oder er sitzt mit einem seiner Kunden zusammen und möchte das persönliche Gespräch nicht unterbrechen. Mit dieser kleinen Frage („Haben Sie einen kleinen Augenblick Zeit?") geben wir ihm die Möglichkeit, sich die Zeit zu nehmen oder mit uns einen Telefontermin zu vereinbaren.

Ich selbst habe vor wenigen Monaten einen Test gemacht und über 150 Unternehmen angerufen. Meine Gesprächspartner waren Führungskräfte und Mitarbeiter der unterschiedlichsten Branchen. Am Ende des Telefonats erkundigte ich mich beim Gesprächspartner, wie ihm mein Einstieg mit der kleinen Frage zum richtigen Zeitpunkt gefallen hat. Sehr viele sagten: „Herr Arndt, wissen Sie, eigentlich habe ich im Augenblick nicht viel Zeit, aber wenn ich so nett gefragt werde, dann bin ich bereit, sie mir trotzdem zu nehmen."

Ich-Botschaften – Ihr persönlicher Vorteil

Gehen Sie Ihren eigenen Weg zum Erfolg. Seien Sie auf der Hut vor falschen Ratgebern. Nutzen Sie immer Ihre eigene Sprache und Ihren gesunden Menschenverstand. Übrigens: Allein durch meine kleine telefonische Umfrage habe ich Aufträge für 27 firmeninterne Veranstaltungen verursacht. Der beste Tag für Erfolg heißt immer „heute"!!!

Die so genannten „Fall-mit-der-Tür-ins-Haus-Verkäufer" und Berater „Marke Brechstange" sind es ebenfalls, wenn sie zusätzlich als Trainer arbeiten, die uns die wirksamen Ich-Botschaften aus den Gesprächen wegnehmen wollen. Wer weiß, was dahinter steckt. Vielleicht wollen diese Leute den Erfolg nur ganz bestimmter und auserwählter Unternehmen sichern und gestalten ihr Training dort gegen Höchsthonorare zeitgemäßer.

Seien Sie vorsichtig. Setzen Sie nur das für Ihren Erfolg ein, was Sie aus einem guten Gefühl übernehmen möchten. In den von mir durchgeführten Seminaren „Empfehlungs-Management" und „Telefontraining" weise ich immer wieder darauf hin, dass eine gezielte Ich-Botschaft ein bedeutender persönlicher Vorteil ist. Denken Sie immer daran:

Profi-Tipp:

Wer nicht mit der Zeit geht, der muss mit der Zeit gehen.

Wenn zu mir jemand sagt: „Das wird für Sie erledigt", beschleicht mich ein Gefühl der Unverbindlichkeit. Wenn er sagen würde: „Herr Arndt, ich kümmere mich persönlich darum, dass es pünktlich für Sie erledigt wird", dann kann ich leichter daran glauben, dass das stimmt, weil er mit einer Ich-Botschaft konkret Stellung bezogen hat und persönlich bei mir im Wort steht.

Viel Spaß bei Ihrer konkreten Kommunikation, die dabei hilft, Ergebnisse nicht nur für möglich zu halten, sondern sie abzusichern.

Impuls:

Mein wichtigster Impuls für die Begrüßung und den Einstieg:

....

....

Kundennamen positiv einsetzen

Wenn wir den Kunden mit seinem Namen ansprechen, geben wir ihm Zuwendung. Unser Name ist eines der wichtigsten Wörter. Das gilt auch für den Kunden. Sprechen Sie seinen Namen deutlich aus mit Achtung im Tonfall, als hörbares Zeichen von Interesse am gemeinsamen Kontakt.

Machen Sie es sich zur Gewohnheit, auch im privaten Bereich häufiger Ihre Freunde, Verwandten und Bekannten mit ihren Namen anzusprechen.

Und auch unseren Namen dürfen wir gern mit Stolz betonen. Machen wir uns einen „Namen" als Aushangeschild, für die Steigerung von Bekanntheit und Image.

Impuls:

Mein wichtigster Impuls für den Aspekt „Kundennamen positiv einsetzen":

....

....

Interessante Fragen stellen

Wer fragt, der führt ein Gespräch zu Bildern, zu Meinungen und zu Ergebnissen. Nutzen Sie diese Form der Gesprächsführung auch in Ihren Telefonaten. Der andere fühlt sich durch Ihre wertvollen Fragen bereichert. Sie lösen im Kunden immer etwas Positives aus, was dem Gespräch Fluss gibt, auch wenn die Antwort im ersten Augenblick „Nein" heißt. Es ist immer besser, über ein „Nein" zum „Ja" zu gelangen, als dass ein zu schnelles „Ja" zum „Nein" wird.

Beispiel:

„Was ist Ihnen dabei besonders wichtig, Herr Schneider?"

„Herr Mewes, welche Erfahrungen haben Sie mit dem Service bisher gemacht?"

„Wann wollen wir beide uns einmal zusammensetzen, um genau diesen Aspekt zu besprechen, Herr Müller?"

Impuls:

Mein wichtigster Impuls zum Thema Fragen stellen:

....

....

Hat der Kunde Fragen gestellt?

Wer fragt, der führt ein Gespräch zu Informationen und Ergebnissen. Stellen Sie gern viele Fragen. Geschlossene, um kurz zu reflektieren, und offene, um die Prioritäten zu hinterfragen.

Beispiel:

„Benötigen Sie eine Fotokopie für Ihre persönlichen Unterlagen?"

„Frau Liebermann, welche Frage ist für Sie von besonderer Bedeutung für Ihre Entscheidung?"

Jeder Kunde, jede Kundin hat Fragen im Kopf während eines Telefonats. Ob von Kundenseite diese Frage allerdings auch gestellt wird, entscheidet er unbewusst durch die vorhandene Priorität. Wenn ein Kunde also keine Fragen stellen sollte, heißt es noch lange nicht, dass ihm keine Frage durch den Kopf tobt. Stellen Sie ihm eine Frage, auf die er mit einer Frage antworten kann.

Impuls:

Mein wichtigster Impuls zum Aspekt der Kundenfragen:

....

....

Ruhige, angenehme Stimme

Sprechen Sie einen Text zum Training auf einen Kassettenrekorder. Irgend einen Text, den Sie sowieso lesen wollen. Hören Sie sich Ihre aufgezeichnete Stimme an und bewerten Sie in einem kleinen Feedback Ihre Freundlichkeit, Geschwindigkeit, Pausen, Klang Ihrer Stimme, Tonfall und Stimmung usw. Dann sprechen Sie am nächsten Tag wieder einen Text auf das Band und analysieren ihn ebenfalls.

Die am ersten Tag aufgenommene Version können Sie einen Monat lang vorn auf dem Band gespeichert lassen. Nach vier Wochen hören Sie sich die erste Variante erneut an und zum Vergleich die Übung vom aktuellen Tag. Sie werden sich wundern, wie sich Ihre Art des Umgangs mit Sprache, Ausdruck und Wirkung positiv gesteigert hat. Nutzen Sie diesen Trainingseffekt auch für Ihre Mitarbeiter.

Impuls:

Mein wichtigster Impuls zum Training meiner Stimme:

....

....

Verbindliche Atmosphäre

Seien Sie ideenreich. Schaffen Sie eine emotionale Schwingung, die Ihnen eine gute Beziehung aufzubauen hilft. Wie immer die Atmosphäre am Anfang eines Telefonats auch sein mag, als professioneller Verkäufer können Sie verhindern, dass sie sich verschlechtert. Sie können sie in den meisten Fällen zumindest erhalten, oft sogar etwas oder wesentlich verbessern.

Ich werde immer wieder gefragt, was für den Bereich Termin-Absicherung das Wichtigste sei, denn vielen Beratern und Verkäufern fallen immer wieder bestimmte Termine aus. Der Kunde ist nicht am Ort der Verabredung. Und da einige Termine zu Hause beim Kunden oder in der Firma (je nach Produkt und Dienstleistung) vereinbart werden, wünscht sich jeder Verkäufer die Sicherheit der Termine, die er in sein Zeitplanbuch eingetragen hat. Meine Antwort: Das Wichtigste für die Termin-Absicherung ist die „Vorfreude" des Kunden, die „Neugier", das „Gespanntsein" auf den gemeinsamen Termin.

Dem Kunden muss klar werden, dass nach dem Termin mit dem Verkäufer mit ziemlicher Wahrscheinlichkeit irgend etwas besser ist als ohne ihn. Er sollte diesen Gewinn durch die Beziehung zum Verkäufer bereits innerhalb des Telefonats spüren.

Je besser die Atmosphäre eines Telefonats, desto bildhafter kann sich der Kunde auch eine angenehme Stimmung für das persönliche Gespräch vorstellen und dieses Bild der Erwartung für die Termin-Absicherung seinerseits nutzen.

Impuls:

Mein wichtigster Impuls für eine verbindliche Atmosphäre:

....

....

Konkrete Vereinbarungen

Hierfür orientieren Sie sich bitte an Ihren Telefon-Zielen. Am Ende eines Telefonats fassen Sie die Hauptpunkte noch einmal kurz zusammen und besprechen die weitere Vorgehensweise mit Ihrem Kunden. Es kann sein, dass der Kunde Ihnen einige Informationen zusenden möchte oder Sie für Ihn ein Angebot ausarbeiten sollen. Möglich, dass Sie sich beide verabreden und diesen Termin fest eintragen. Alles, was besprochen wird, ist die große Chance, Ihre Zuverlässigkeit zu beweisen.

Impuls:

Mein wichtigster Impuls für die Vereinbarung am Ende des Telefonats:

....

....

www.metropolitan.de

Telefontermin abstimmen

Wir leben in einer Welt, in der die Zeit immer knapper zu werden scheint. Deshalb ist auch die salonfähige Notlüge Nr. 1: „Ich habe keine Zeit." Machen Sie dieses Spielchen nicht mit. Sie haben immer genügend Zeit für sich, andere und Ihren großen Lebenserfolg. Sie entscheiden selbst, mit wem Sie sich treffen und Ihre Zeit verbringen möchten.

Viele Arten von Gedankenaustausch können wir wunderbar am Telefon durchführen. Wenn man sich einmal persönlich kennen gelernt hat, dann geht alles Weitere am Telefon wesentlich leichter. Wir schließen an die Qualität der Verbindung an. Deshalb ist das Thema „Erfolgreich Telefonieren" ein so bedeutender Erfolgsfaktor geworden, weil wir Zeit sparen und über ein Beziehungs-Management mit Gütesiegel alle erdenklichen Geschäfte tätigen und Service leisten können.

Vereinbaren Sie Telefontermine. Sie ersparen sich viel Mühe, immer erneut wieder zu versuchen, Ihre Kunden zu erwischen. Mein Tipp: Viele Führungskräfte starten Ihren Arbeitstag früher als ihre Mitarbeiter. Sie können so relativ ungestört ihre Planungen gestalten und Ideen entwickeln. Bieten Sie dem einen oder anderen Kunden einfach an, ihn zu einer Zeit anzurufen, die ihnen beiden gut passt. „Gern auch gleich morgens, Herr Rosenbauer."

Impuls:

Mein wichtigster Impuls für Telefontermine:

....

....

Schriftliche Notizen

Schriftlichkeit ist das oberste Prinzip im Erfolgs-Management. Mit dem Stift in der Hand werden Denken, Planen, Handeln und Kontrollieren zur Erfolgsstrategie. Machen Sie sich während Ihrer Telefonate gezielte Notizen. Und zwar dreifach:

- Über Ihren Kunden als Person …

- Über die Motive Ihres Kunden, Ihr Angebot zu kaufen …

- Über das, was Sie nach dem Telefonat für diesen Kontakt konkret tun werden …

Sämtliche Notizen aus Ihren Telefonaten können Sie in Kundenakten oder Dateien übertragen.

Impuls:

Mein wichtigster Impuls für das Prinzip Schriftlichkeit:

Gesamteindruck

Verschaffen Sie sich immer einen Gesamteindruck über Ihre Fähigkeiten, andere Menschen für sich am Telefon zu gewinnen. Viele kleine Facetten lassen sich für noch mehr Erfolg per Telekommunikation trainieren. Ganz einfach überall dort, wo wir uns gerade aufhalten und anderen Menschen begegnen.

Impuls:

Mein wichtigster Impuls im Bereich Gesamteindruck:

Empfehlungs-Bewusstsein beim Kunden aufbauen

8

1. Wie Sie Kunden überzeugen

Damit Sie Ihre Kunden dazu bringen, Ihre Produkte weiterzuempfehlen, müssen sie das Empfehlungs-Bewusstsein Ihrer Kunden schärfen. Dies gelingt, wenn Sie folgende Aspekte im Umgang mit Ihren Geschäftspartnern beachten.

- Angenehm auffallen

  Führen Sie ein verbindliches Telefonat mit angenehmer Stimme, in dem Ihre Persönlichkeit zum Ausdruck kommt. Machen Sie konkrete Terminvereinbarungen und nehmen Sie sich fest vor: Alle Versprechen werden gehalten!

  Dies ist gleichzeitig die kürzeste Unternehmensphilosophie, die genauso für Ihre Mitarbeiter gilt. Wenn Sie oder Ihre Mitarbeiter mit Kunden oder Interessenten telefonieren, haben diese sofort das Gefühl, dass sie mit einer ganz besonderen Aufmerksamkeit, Freundlichkeit und Professionalität behandelt werden.

Profi-Tipp:
Erarbeiten Sie sich das Prädikat: Auffallend angenehm anders als alle anderen.

- Freundlichkeit und Ruhe ausstrahlen

  Begrüßen Sie Ihre Kunden beim persönlichen Gespräch mit Freundlichkeit und strahlen Sie innere Ruhe aus. Gehen Sie auf Ihre Partner zu mit dem Bewusstsein: Ich bin ein Gewinn für meinen Kunden. Dieser Kunde ist in diesem Augenblick die wichtigste Person in meinem Leben.

- Eigenes Empfehlungs-System erläutern

  Sie erklären bei der persönlichen Vorstellung mit Stolz: „Übrigens, Herr Müller, ich arbeite auf Empfehlung – das haben Sie bereits mitbekommen. Denn Ihr Tennispartner Herbert Schneider hat uns beide ja zusammengebracht." Kleine Pause. Sein Blick animiert Sie, ihm etwas zu zeigen, damit er sich wirklich ein Bild vom Thema Empfehlung machen kann. „Schauen Sie einmal hier ..." Sie erklären dem Interessenten am Beispiel einer kleinen Empfehlungskarte Ihr Empfehlungs-System.

„Sehen Sie, Herr Müller, heute bin ich bei Ihnen, durch eine Empfehlung Ihres Tennispartners Herbert Schneider. Zu dem kam ich über einen seiner Kollegen. Den habe ich durch seinen Schwager kennen gelernt usw."

„Ich bin schon immer ganz gespannt, welche neuen Menschen ich über meine Kunden kennen lerne. Das Schönste an meinem Beruf ist die Tatsache, dass ich Menschen und Unternehmen helfen kann, ihre Ziele im Bereich XY zu erreichen. Und zwar nicht irgendwie, sondern vor allem sicher und mit der richtigen Betreuung."

- Geistige Galerie aufbauen

Es gibt keine bessere Empfehlungs-Qualität als die von guten Freunden, Menschen, die der Empfehlungsgeber ehrlich schätzt. Geben Sie Ihrem Kunden die Möglichkeit, an diese Menschen zu denken. Errichten Sie durch Ihre Formulierungen, den Klang Ihrer Stimme sowie Ihre Körpersprache und nonverbalen Impulse in seinem Geist eine „Galerie" der ihm vertrauten Personen.

„Selbstverständlich, Herr Müller, gilt meine Dienstleistung auch für die Menschen, die Ihnen wichtig sind. Das verspreche ich Ihnen."

Legen Sie eine Empfehlungskarte auf den Tisch und lassen Sie diese das ganze Gespräch über als Symbol für „Empfehlungen" dort liegen.

- Sich als „Geheimtipp" empfehlen

  Liefern Sie Beispiele dafür, dass Sie eine empfehlenswerte Persönlichkeit sind und das Vertrauen vieler Menschen genießen. Lassen Sie sich als "Geheimtipp in Sachen XY " weiterempfehlen.

  „Neulich wurde ich von meinem Steuerberater an einen seiner Mandanten weiterempfohlen" oder „Ein Mitarbeiter bat mich, mit seinem Chef zu sprechen".

- Über Freunde sprechen

  „Sprechen Sie manchmal auch mit anderen über XY?" – „Ja … manchmal." – „Welche Aspekte stehen dabei im Mittelpunkt, Herr Hansen?"

Profi-Tipp:

Sprechen Sie mit Menschen über Menschen, die diese sehr gut kennen und denen sie gern einen Vorteil gönnen.

- Stichworte notieren

  Notieren Sie im Laufe des Gesprächstermins Stichworte zu den Menschen, die der Kunde erwähnt, so können Sie ihm leichter Impulse für Empfehlungen geben und ihm konkret dabei helfen, die Personen zu benennen, die Sie als erste anrufen können.

  „Ich habe Ihnen ja eingangs versprochen, dass mein Service/meine Dienstleistung auch für die Menschen gilt, die Ihnen wichtig sind. Wem wollen wir ein paar Informationen und ein kostenloses Exemplar unserer Kundenzeitschrift zusenden? Denken Sie an Ihren Arbeitskollegen aus der Vertriebsabteilung, mit dem Sie auch manchmal über das Thema XY sprechen?"

■ Feedback geben

Ich gebe nach dem Telefonkontakt/Gesprächstermin dem Empfehlungsgeber ein positives Feedback als Beweis, dass ich eine „empfehlenswerte Persönlichkeit" bin. Er empfiehlt mich als kompetenten Partner seinen Freunden, Bekannten und Kollegen – ganz spontan und mit einem guten Gefühl.

„Hallo, Herr Müller, hier ist Ihr XY-Berater Hartmut Groß. Ich wollte nur schnell danke sagen, dass Sie den Kontakt zu Ihrem Arbeitskollegen Andreas Wellmann ermöglicht haben. Wir haben uns bereits getroffen und ein sehr interessantes Gespräch geführt. Ich muss schon sagen, Sie kennen wirklich nette Leute." – „Das freut mich. Den Andreas kenne ich auch schon eine Ewigkeit." – „Da fällt mir ein – Sie sprachen doch von Ihrem Freund in Dortmund, der sich demnächst selbstständig machen möchte. Für den habe ich einige hochinteressante Informationen. Haben Sie seine Telefonnummer zur Hand, damit ich mich mit ihm verabreden kann!?" – „Kleinen Augenblick, ich schau einmal in mein Adressbuch."

**Checkliste:
Wirksamkeit durch Worte, Stimme und Körpersprache**

■ Bauen Sie bei Ihren Gesprächspartnern ein Empfehlungs-Bewusstsein auf

„Vor etwa zwei Wochen bat mich ein Architekt, mit einem Handwerksmeister zu sprechen. Da ging es ebenfalls um dieses wichtige Thema …"

■ Sammeln Sie im gesamten Analysetermin Empfehlungs-Impulse

Sprechen Sie mit Menschen über Menschen, die diese kennen. Stellen Sie Fragen zu den Menschen, die sie im Gespräch erwähnen.

noch: Checkliste: Wirksamkeit durch Worte, Stimme und Körpersprache

- Nutzen Sie 7 Prozent Ihrer Wirksamkeit durch Ihre Worte

  „Das Schönste an meinem Beruf ist, Menschen zu helfen, ihre Ziele schneller und vor allem sicher zu erreichen."

- Nutzen Sie 38 Prozent Ihrer Wirksamkeit durch Ihre Stimme

  Stimme schafft Stimmung, Freundlichkeit ist ein Transportmittel. Wenn Sie freundlich und fair sind, können Sie alles sagen, was Sie sagen möchten.

- Nutzen Sie 55 Prozent Ihrer Wirksamkeit durch Ihre nonverbale Kommunikation

  Agieren Sie mit Körpersprache, Augenkontakt, Mimik, Gestik, Kleidung.

- Geben Sie dem Empfehlungsgeber telefonisch Feedback

  „Sie kennen wirklich nette Leute, Herr Müller. Herr Schneider und ich haben uns schon getroffen und ein sehr interessantes Gespräch geführt."

2. Erfolgs-Impulse für die „besten Empfehlungen"

Persönlichkeit plus Leistung = Empfehlungs-Energie

Unser ganzes Leben lang haben wir die Chance, an unserer Persönlichkeit zu arbeiten. Jeden Tag können wir an uns selbst irgend etwas Neues entdecken, um unsere persönlichen Stärken weiter auszubauen.

Aber professionell betrachtet bringt uns unser Stärken-Management nur dann voran, wenn wir es an eine Spitzenleistung koppeln. Die hervorragende Leistung wird von einer Persönlichkeit präsentiert, die kraft ihrer menschlichen Qualität den Kunden für sich und die Produkt- und Dienstleistung gewinnt. So ergibt sich eine Dynamik von Mensch plus Geschäftsidee.

Jeder wirklich qualifizierten Empfehlung muss dieser Prozess vorausgehen. Und das lässt sich zur Strategie weiterentwickeln, durch Persönlichkeitstrainings und Fachschulungen als duales Leistungsprogramm. Wir entwickeln Verständnis für uns und die anderen, steigern unsere Selbsterkenntnis und erleben ein Wachstum an menschlicher Reife. Die fachliche Zurüstung von Qualifikation steigert ebenfalls unsere Sicherheit bei der Präsentation. Die Fragen, die wir nicht beantworten können, fangen wir durch unsere Persönlichkeit auf und klären sie zu einem späteren Zeitpunkt zur Zufriedenheit des Kunden.

So verursachen wir täglich Empfehlungs-Energie bei unseren Mitmenschen und erreichen unsere Kontakt- und Kundenziele. Treffen Sie Ihre Entscheidungen:

Impuls:

Welche Persönlichkeitstrainings empfehle ich mir selbst und meinen Mitarbeitern?

....

....

Welche Fachschulungen geben mir ab sofort noch mehr Sicherheit?

....

....

Die Menschen in eine erfolgreiche Zukunft begleiten

Dieser Gedanke hat eine sehr intensive Energie für alle Telefonate und persönlichen Termine. Jeder von uns wünscht sich eine erfolgreiche Zukunft. Wir alle haben Ziele, unbewusst oder bewusst.

Empfehlungs-Bewusstsein beim Kunden aufbauen

Wenn wir der Zahl Glauben schenken, die wir in einigen Büchern finden, dass 95 Prozent der Menschen weder über Ziele nachdenken, noch schriftlich einen Weg skizzieren, wie man diese erreichen kann, dann wird uns klar: Diese 95 Prozent benötigen einen Dialogpartner.

Wir erfahren uns intensiv nur über andere Menschen. Verbinden wir uns mit anderen, so hat das ebenfalls den Vorteil, dass der andere sich selbst über den Kontakt zu uns näher kommt und sich besser kennen lernt. Also entsteht ein Nutzen für beide.

Sprechen wir nun mit anderen Menschen über die Zukunft, sehen wir den vor uns liegenden Zeitabschnitt auf unserer geistigen Leinwand nur dann spontan, klar und deutlich, wenn konkrete Ziele vorhanden sind. Ansonsten ist es unsere Aufgabe, den Gedankenaustausch in der Form zu führen, dass unser Kommunikationspartner durch unsere Impulse neue Bilder entwickelt. Im Gespräch entsteht ein neuer „chemischer" Prozess. Diese „Chemie" der Vision entscheidet darüber, ob unser Kunde sich eine langfristige Verbindung mit uns vorstellen kann und sich somit durch uns in seinem Prozess der sich steigernden Lebensqualität bereichert fühlt.

Impuls:

Schaffen Sie ein Ziel-Szenario:

Welche Lebensziele sind für Sie die wichtigsten?

....

....

Welche Lebensziele verfolgt Ihr Gesprächspartner? Schaffen Sie einen für beide wertvollen Dialog:

....

....

Jeder Kontakt bedeutet Erfolg

Ich bin ein Gewinn für jeden Kontakt. Und jeder Kontakt bedeutet für mich Erfolg. Das ist die beste Grundeinstellung, die wir uns wünschen können. Täglich machen wir uns unseren persönlichen Nutzen für andere Menschen bewusst. Allein das Gespräch mit uns sollte als Vorteil empfunden werden. Mit uns – das spürt unser jeweiliges Gegenüber – ist irgendetwas besser für ihn als ohne uns. Die Menschen fühlen sich in unserer Nähe einfach wohl.

Wir inspirieren uns gegenseitig und erfahren das angenehme Gefühl, ohne Vorbehalte „laut denken" zu können und gute Ideen zu entwickeln. Das ist der erste Schritt in die Richtung, bei unseren Mitmenschen ein stabiles Empfehlungs-Bewusstsein aufzubauen.

Dazu gehört Beständigkeit in der Gesprächsführung. Wir steigern unsere Fähigkeit zuzuhören, genau hinzuhören, nicht nur auf das, was der andere von sich gibt, sondern auch durch vertiefende Fragen zu erfahren, wie der andere das ganz genau meint.

Der Glaube an das Gute im Menschen bringt uns mehr Gutes. Positive Erwartungen führen zu mehr positiven Wahrnehmungen. Wenn zwei Menschen Gewinn füreinander sind, dann sind sie automatisch verständnisvoller, großzügiger und hilfsbereiter.

Werden Sie ein Gewinn für Ihre Mitmenschen. Und machen Sie Ihre Mitmenschen zu Gewinnern:

Impuls:

Wen werden Sie noch heute anrufen, um einen Termin zu vereinbaren?

Wie werden Sie Ihre Gewinn-Gewinn-Philosophie umsetzen?

....

....

Heute „nein", morgen „ja"!

Jeder, der heute „Nein" sagt, kann zu einem anderen Zeitpunkt „Ja" sagen. Unsere Welt unterliegt einem ständigen Wandel. Ein oft gelesener Gedanke: „Die einzige Konstante ist die laufende Veränderung." Das bedeutet in der Konsequenz einen Prozess, der nur begrenzt davon abhängt, wo wir heute stehen. Viel wichtiger sind die Entscheidungen sowie das tägliche Tun, um sich vom jetzigen Ist-Zustand schneller und sicher in die Richtung der angestrebten Ziele zu bewegen.

Insofern brauchen wir vor dem „Nein" des Kunden keine Angst zu haben, weil es sich nur auf den jetzigen Augenblick, die jetzige Situation und die für ihn subjektiv erlebte Sachlage bezieht.

Bleiben Sie den Veränderungsprozessen Ihrer Kontaktpersonen auf der Spur. Das ist der professionelle Weg zum Wachstum, zur Expansion Ihres Unternehmens. Pflegen Sie Ihre Kontakte so, als wären es bereits sämtlich Kundenbeziehungen. Frei nach dem Zitat von Goethe: „Wenn wir die Menschen behandeln, wie sie sind, so machen wir sie schlechter. Wenn wir sie so behandeln, wie sie sein könnten, so helfen wir ihnen, besser zu werden."

Impuls:

Wer hat vor einigen Monaten „Nein" zu Ihrem Angebot gesagt, die Sie dennoch jetzt wieder ansprechen?

....

....

Wann und wie werden Sie auf die genannten Personen zugehen?

....

....

Es muss einfach gehen, sonst geht es einfach nicht

Gestalten Sie Ihr Empfehlungs-Management besonders einfach. Ihre Interessenten und Kunden wünschen sich das. Darin liegt das Erfolgsgeheimnis von Beratungsgesprächen. Viele Menschen freuen sich über jede Hilfe, komplizierte Zusammenhänge leichter zu verstehen.

Sorgen Sie dafür, dass die Menschen Sie verstehen und ebenso Sie selbst Ihre Mitmenschen verstehen. Sprechen Sie bei Beratungen lieber nur drei Punkte an, die Ihnen beiden ein gutes Gefühl vermitteln, bevor Sie versuchen, „alles" zu sagen und der Termin im Frust endet.

Das Wichtigste eines Gespräches ist das Gefühl, das der andere danach empfindet. Je klarer, bildhafter und verständlicher das vorausgegangene Gespräch war, desto einfacher kann Ihr Gegenüber die Entscheidung treffen, Sie weiterzuempfehlen.

Setzen Sie sich das konkrete Ziel, mit den Menschen auf der emotionalen Ebene zu kommunizieren und die Sachebene in transparenter Sprache Wort für Wort hinzuzufügen. Sie wissen doch: Im Streit zwischen Gefühl und Intellekt siegt immer das Gefühl. Im Mittelpunkt unserer Meinungen steht das Gefühl. Diese Empfindungen nennen wir einmal „Nein" und ein anderes Mal „Ja". Als Gleichung formuliert heißt dies: Einfache Sprache = einfache Bilder = positive Emotionen = Ja.

Impuls:

Wie können Sie noch einfacher kommunizieren?

Wodurch möchten Sie sich das Prädikat „einfach und erfolgreich" erobern?

Keine Adressen – kein Service?

Immer wenn wir den Kunden „erpressen", bekommen wir nur Adressen. Im Wirtschaftsleben geht es nicht immer fair und mit Respekt zu. Das wissen wir alle, und darunter leiden viele Mitarbeiter in Unternehmen, aber auch die Endverbraucher. Manche Kunden fühlen sich einem Verkäufer ausgeliefert, der sie kaum zu Wort kommen lässt und seine Produkte mit viel Druck in den Markt peitscht. Kundennähe mit „Wir-Gefühl" kann in solchen Verkaufsgesprächen nicht aufkommen.

Auch beim Empfehlungs-Management gehen einige Berater und Verkäufer mit „erpresserischen" Methoden vor. Sie machen den Service teilweise sogar von aktiven Empfehlungen abhängig nach dem Motto: Keine Empfehlungen – kein Service.

Wichtig: Agieren Sie im Empfehlungs-Management nicht als „Erpresser" oder „Bittsteller". Viele Kunden wehren sich inzwischen als „kleine Rache" mit falschen Adressen. Aber selbst wenn die Adressen richtig wären, mit einer qualifizierten Empfehlung oder Referenz hätte das nichts zu tun.

Gehen Sie den Weg der Anziehungskraft, indem Sie den Vorbild-charakter und Ihre Leistungsstärke positiv nutzen. Setzen Sie klare Zeichen der Fairness und Langfristigkeit in Ihrem Geschäft.

Impuls:

Wie holen Sie sich die Bestätigung, dass Ihr Kunde mit Ihnen und der Leistung Ihres Unternehmens wirklich zufrieden ist ?

....

....

Wie machen Sie Ihrem Kunden bewusst, dass Sie keine „kalten" Adressen bevorzugen, sondern Qualitätsempfehlungen mit der Energie seiner besten Beziehungen wollen?

....

....

Empfehlungen: Anerkennung für gute Leistungen

Charismatische Persönlichkeiten und gute Arbeit werden besonders gern empfohlen. Die erfolgreiche Erfüllung der gestellten Aufgaben muss dem Kunden aber auch bewusst gemacht werden. Sie müssen im Kopf des Kunden auch nach dem Gespräch eine wichtige Rolle spielen.

Immer wenn der Kunde mit anderen Menschen über Ihre Branche spricht, sollte er automatisch an Sie denken und Sie dort ins Gespräch bringen. Wenn Sie in einem Reisebüro arbeiten, dann werden Sie der spezialisierte Problemlöser und Zielrealisierer für alles, was mit dem Aspekt Reisen zu tun hat. Als Finanzdienstleister helfen Sie ihm wie kein anderer dabei, seine finanziellen Ziele zu erreichen. Mit wem auch immer er sich über Geld und Zukunft unterhält: Er sieht Ihr Bild im Geist und nennt seinen Gesprächspartnern mit einem guten Gefühl Ihren Namen, vielleicht sogar als Geheimtipp.

Wenn Sie gute Empfehlungen erhalten, steigert das auch Ihr Selbstwertgefühl. Es erfüllt Sie mit einem gewissen Stolz, dass Ihr persönlicher Einsatz bei Ihren Kunden auch angekommen ist. Sie haben ihm einen oder mehrere Vorteile geboten. Dafür bedankt er sich bei Ihnen, indem er Sie lobend bei anderen Menschen erwähnt.

Impuls:

Auf welche Ihrer empfehlenswerten Leistungen sind Sie besonders stolz?

....

....

Welche Ihrer Leistungen können Sie auf welche Weise noch verbessern?

....

....

Erfolgswunsch: Menschen und Aufgaben kennen lernen

Empfehlungen verpflichten. Sie bringen Aktivitäten in Ihren Arbeitstag. Oft heißt es dann, im Sinne einer spontanen Kontaktaufnahme Überstunden für den Erfolg anzusetzen.

Aber vor allen Dingen haben Sie die Möglichkeit, neue Menschen kennen zu lernen und diese Menschen mit Ihren unternehmerischen Stärken und Strategien zu unterstützen. Von Tag zu Tag mehr Marktanteile für Ihr Unternehmen zu erwerben, beginnt jeweils beim ersten Schritt der Kontaktaufnahme. Menschen „kennen lernen zu wünschen" kann eine Ihrer größten Energiereserven freisetzen. Dieser Wunsch muss allerdings echt sein. Er muss mit jedem Ihrer Worte, Ihrer positiven Stimme und mit Ihrer glaubwürdigen Körpersprache untermauert sein. Dann haben alle Beteiligten mehr davon. Dies bedeutet auch, sich in die Schuhe des neuen Kontaktes zu stellen, durch seine Brille in die Welt zu schauen.

Impuls:

Die drei klassischen Fragen, die wir uns immer stellen können, um einen Prozess zu steuern, sind folgende:

1. Welche klaren Ziele möchte mein Kunde in welcher Zeit erreichen?

2. Wo steht mein Kunde heute, und was hat er bereits unternommen?

3. Was muss mein Kunde mit meiner Hilfe tun, um seine Ziele zu erreichen?

Eine empfehlenswerte Persönlichkeit – Garant für Erfolg

Unser Leben wird zu einem großen Teil durch unsere „inneren" Glaubensmuster bestimmt. „Erwartungen führen zu Wahrnehmungen. Positive Erwartungen (Vermutungen) führen zu positiven (subjektiv konkreten) Wahrnehmungen." Was wir vom Leben erwarten, lädt unser Gehirn als Wahrnehmungsfilter in unser Tages-

Bewusstsein ein. Wir denken, dass es sich dabei um eine freie Willensentscheidung handelt, aber es sind unsere vorhandenen, im Unterbewusstsein „abgespeicherten" Erfahrungen, die unser rationales Denken mitbeeinflussen.

Profi-Tipp:

Sie kennen vielleicht den Satz: „Wenn Ihr einziges Werkzeug ein Hammer ist, dann sieht alles um Sie herum nach Nagel aus." Nehmen Sie dies als Kernsatz zum Thema Empfehlungs-Wahrnehmung: „Wenn Ihre wichtigsten Erfolgsbausteine Empfehlungen sind, dann sieht alles um sie herum nach Impulsen für Kontaktaufnahme aus."

Ihre Kunden reden während des Gesprächstermines auch über Menschen, die mit ihren Zielen oder dem Arbeitsplatz oder einem anderen Lebensbereich zu tun haben. Diese Hinweise auf ihr Kontakt-Universum sind Empfehlungs-Impulse. Die zu sammeln, ist die Aufgabe eines Verkäufers oder Beraters. Diese Kontakt-Liste stellt das größte Kapital für Ihren Arbeitskreislauf dar. Nehmen Sie diese „Geschenke" an.

Impuls:

Meine wichtigsten Gedanken dazu, die ich sofort umsetzen werde:

....

....

Nur wer selbst brennt, kann andere entzünden

Nur wenn Sie selbst begeistert sind, können Sie andere Menschen begeistern. Das Erfolgs-Elixier höchster Güteklasse, das nur mit Echtheit auf andere übertragbar ist, heißt „Begeisterung". Denn wir können anderen Menschen immer nur das geben, was wir selbst besitzen.

Wenn Sie von Ihrer Persönlichkeit, Ihren Überzeugungen, Ihren Produkten und Dienstleistungen, Ihrem Service und Ihrem Empfehlungs-Management wirklich begeistert sind, dann kann Ihnen in diesem Leben (fast) nur Gutes widerfahren. Dann haben Sie eine Menge für andere parat.

Wie soll es auch anders funktionieren? Wenn Sie innere Ruhe besitzen, dann kommen auch andere in Ihren Gesprächen in diesen Genuss. Wenn jemand Angst und Hemmungen verbreitet, so werden die Gesprächspartner entweder davon „angesteckt" oder „irritiert". Beides hat in einer rhetorischen Spitzenleistung nichts zu suchen.

Gegen Worte mag man Einspruch erheben, aber gegen Begeisterung ist noch kein Kraut gewachsen. Be-Geist-erung setzt ungeheure Kraftreserven frei, die zu größten Erfolgen beflügeln. Die innere Stimmigkeit wächst. Menschen, die diese Qualität bei anderen erleben, erkennen in diesen Persönlichkeiten Vorbilder, denen sie gern nacheifern. Das ist besonders für jene interessant, die erfolgreiche Mitarbeiter „aufbauen" möchten.

Impuls:

Was begeistert Sie an Ihrem Beruf am meisten?

....

....

Woran erkennen andere Menschen Ihre Begeisterung?

....

....

Verantwortung tragen

Sie sind für Ihr Empfehlungs-Management selbst verantwortlich. Stellung beziehen, sich voll einbringen, die Verantwortung für das eigene Leben übernehmen, das bedeutet höchste Güteklasse für die eigene Lebensqualität und all das, was mit Ihrer Karriere verknüpft ist. Alles, was uns widerfährt, hat nicht nur mit dem zu tun, was uns begegnet, sondern mit unserer Resonanz zu diesen Erlebnissen. Wenn wir bei einem bestimmten Gespräch keine ernst zu nehmenden Empfehlungen erhalten, ja vielleicht sogar mit dieser Idee „abblitzen", so haben wir diesen Misserfolg letztlich selbst verursacht, so bitter das auch klingen mag – sicherlich nicht absichtlich, aber auch nicht zufällig.

Profi-Tipp:

Übernehmen Sie für alles, was Ihnen passiert, die Verantwortung. „Jeder bekommt das, was er verdient. Aber nur die Erfolgreichen sind auch bereit, dies zuzugeben."

Verantwortlich zu sein für Ihr Empfehlungs-Management bedeutet in erster Linie, dass Sie niemals in Ihren Gesprächen diesem Thema ausweichen. Der Kontaktzuwachsaspekt ist zu wertvoll und zu wichtig. Er stellt für Sie die „Sicherheitsabteilung" für die Unternehmensexpansion dar. Und das bedeutet neben mehr Umsatz und Ertrag selbstverständlich auch die Sicherung der Arbeitsplätze. Außerdem zeugt die Übernahme von Verantwortung gleichfalls von Charakterstärke und persönlich höchstem Niveau.

Impuls:

Wofür übernehmen Sie die volle Verantwortung?

Wodurch beweisen Sie sich das?

Von innen nach außen

„Was ich denke, strahle ich aus." Ist an diesem Wort wirklich etwas dran? Stellen Sie sich eine formschöne Taschenlampe vor, die genau die richtige Größe hat, so dass sie gut in der Hand liegt. Sie schalten sie ein, doch Sie sehen nichts. Klar, die Batterie ist leer. Wenn innen keine Energie vorhanden ist, kann nach außen nichts strahlen. Wenn sich in einem Menschen keine erfolgreichen Gedanken, Ziele und persönlichen Stärken zur Erfolgs-Energie bündeln, wie sollen seine Kommunikationspartner etwas davon erfahren?

In dieser „Batterie-Leere" befinden sich viele Führungskräfte und Mitarbeiter. Sie haben keine Kraft mehr, neue Ideen zu entwickeln oder umzusetzen und wirken alles andere als empfehlenswert.

„Viele Mitarbeiter betrachten ihr Gehalt inzwischen nicht mehr als Entgelt für geleistete Arbeit, sondern als Schmerzensgeld für erduldetes Leid." Sind wir wirklich so tief gesunken? Ich glaube nicht. Es gibt sie überall, die motivierten Menschen mit der Einsatzbereitschaft zur Spitzenleistung, mit der Liebe zu den Menschen und Aufgaben, die sie zu Siegern machen. Sie arbeiten an sich selbst, im Stillen, und gehen dann mit vielen anderen ihren Weg zum Ziel. Und jeder, der sie kennen lernt, wird positiv „infiziert", die Entscheidung zu treffen, ihnen nachzueifern. Sie gehören bestimmt zu dieser Gruppe der charismatischen Persönlichkeiten.

Impuls:

Welche inneren Bilder strahlen bei Ihnen von innen nach außen?

Empfehlungs-Bewusstsein beim Kunden aufbauen

Wie beweisen Sie sich heute noch Ihr Erfolgs-Charisma?

....

....

Kontakte aufbauen, Beziehungen pflegen

Kontaktaufbau lernt man nur, indem man es tut. Erfolg haben Sie immer: Entweder Sie erreichen Ihre Ziele, oder Sie lernen etwas bei Ihren Aktivitäten.

Impuls:

Wen rufe ich heute zum ersten Mal auf Empfehlung an?

....

....

Wen habe ich bisher ausgeklammert (aus welchen Gründen auch immer) und rufe ihn heute an?

....

....

Wer bedeutet für mich heute eine besondere Herausforderung? Wann rufe ich ihn heute an?

....

....

Welche Menschen, die vor einiger Zeit noch nicht dafür aufgeschlossen waren, rufe ich heute an, um Empfehlungs-Impulse zu sammeln?

....

....

Mit wem würde ich am liebsten erfolgreich zusammenarbeiten? Wen rufe ich heute an, um mit ihm diesbezüglich ins Gespräch zu kommen?

....

....

Kontakt-Begeisterung und Kontakt-Fitness

Wirklich „am Menschen dran zu sein" bedeutet, in Erfahrung zu bringen, was in den Köpfen der Menschen zum Thema Erfolg vor sich geht. Der Wachstumsprozess einer sich steigernden Kontakt-Begeisterung multipliziert sich mit jedem Einzelkontakt. Das ist meine Erfahrung. Ein Kontakt-Netz gestaltet sich nur dann qualitativ und quantitativ zur stabilen Kundenbeziehung, wenn die entstehende Kontakt-Fitness regelmäßig eingesetzt wird. Es ist wie im Sport. Kein Goldmedaillen-Gewinner wird mit dem Training aufhören, weil er meint, nach seiner großen Leistung sei es überflüssig. Im Gegenteil, er wird sein Training weiter verfeinern, um seine Spitzenleistung nicht nur zu halten, sondern sie zu erhöhen.

Für den Unternehmenserfolg kann man die gleiche Strategie nutzen, indem man das tägliche Impuls-Training zu seinem persönlichen Erfolgsfaktor macht. Das geht in einem Team Gleichgesinnter besonders gut. Sie treffen sich morgens, trainieren einen Teilaspekt aus Ihrem Arbeitskreislauf und sind so in der Lage, das Trainierte den ganzen Tag zu nutzen. Wenn Sie allerdings den größten Trainingserfolg für sich verbuchen wollen, dann gehen Sie mit einem sehr wirksamen Gedanken ans Werk:

Profi-Tipp:

Das Wichtigste nach einem Seminar oder nach dem Lesen eines Buches ist das Lernen von und mit Kunden.

Sie verlagern das Training an die Front, dahin, wo Sie sofort Ergebnisse erzielen können. Nach dem Motto „jeden Tag ein bisschen besser" liegen Sie genau richtig. Das können Sie leisten.

Impuls:

Wie steigere ich heute meine Kontakt-Begeisterung und Kontakt-Fitness?

_____

_____

„Nur vom Nutzen wird die Welt regiert."
(Friedrich Schiller)

Ihr Kunde fragt sich jeden Augenblick im Kontakt mit Ihnen: „Welchen Nutzen erhalte ich, wenn ich von dieser Person kaufe? Warum sitze ich mit dieser Person zusammen? Kann ich daran glauben, dass er es gut mit mir meint?"

Ihr Gespräch mit Ihrem Interessenten oder Kunden darf für sich allein betrachtet schon ein Nutzen sein. Einige Vorteile in einer Kundenbeziehung können schnell wahrgenommen werden, andere vielleicht erst später. Die Nutzen-Energie muss aber bereits heute ins Bewusstsein des Kunden gelangen, sonst empfiehlt er Sie nicht an andere Menschen weiter.

Impuls:

Was ist der größte Nutzen, den Sie Ihren Kunden bieten?

_____

_____

www.metropolitan.de

Wie vermitteln Sie Ihrem Kunden, dass diese Vorteile auch für sein Kontakt-Netz wichtig sind?

_____

_____

Was können Sie tun, um Ihre Kunden als Kooperationspartner zu gewinnen?

_____

_____

Konsequent erfolgreich

Ein inkonsequenter Mensch hat in seinem Leben die meisten Konsequenzen zu tragen. Gehen Sie anders vor. Stellen Sie einen Konsequenzplan auf, in dem alle Ihre Aktivitäten bereits festen Termin-Fenstern zugeordnet werden. Das ist Ihre Planung, mit den Mitarbeitern und der Familie konkret abgesprochen. Versuchen Sie von dem schlechten Gewissen wegzukommen, immer am falschen Ort zu sein.

Wenn Sie mit dem Konsequenzplan vorgehen, erreichen Sie mehr Effektivität. So haben Sie immer ein gutes Gefühl, empfinden sich im jeweiligen Gespräch am richtigen Ort und können mit dieser inneren Erfolgsgewissheit Ihr Bestes geben.

Impuls:

Ihre Gedanken dazu:

_____

_____

Der wertvollste Gesprächspartner

Kommunikation können wir immer und überall trainieren. Wir brauchen nur unter Menschen zu gehen und das Gespräch zu suchen. Ob Sie gerade in einem Restaurant, im Taxi, beim Einkaufen, im Autohaus, auf dem Flughafen, bei Freunden, auf einer Messe, in einem Seminar, im Urlaub, beim Friseur, bei der Fußpflege, in der Bank, auf der Abendschule, beim Kegeln, im Fitness-Studio, im Wartezimmer eines Arztes, auf dem Elternabend in der Schule, auf der Tankstelle, in einer Klinik oder beim Kunden sind, Sie haben immer die Möglichkeit, mit Menschen ins Gespräch zu kommen. Wie bereichernd können Gespräche sein, in denen man spürt, dass es Menschen gibt, die ähnlich denken wie wir oder die eine interessante Alternative zu unserer Meinung anbieten.

Impuls:

Ihre Gedanken dazu:

....

....

Wo die Angst liegt, ist der Weg

Gehen Sie nach vorn auf die Menschen und auf den Erfolg zu. „Ran" an die Menschen und ihre Vorstellungen von der Zukunft. Tauchen Sie ein in das Meer der Menschen und schwimmen Sie sich frei. Machen Sie die Angst zu Ihrem Förderer. Wer Mut hat, der hat auch Angst. Denn wer keine Angst hat, der braucht auch keinen Mut.

Impuls:

Wovor haben Sie Angst? Wobei fühlen Sie sich unsicher?

....

....

Wie können Sie daraus eine Strategie entwickeln, um einen direkten Weg zum Ziel zu finden?

Mit Liebe zur Aufgabe geht's leichter

„Ich werde nie wieder ‚hart' arbeiten, weil ich meine Aufgaben liebe und mit Freude und Begeisterung erfülle. Wenn ich alles annehme, was mir begegnet, dann begegnen mir nur noch Menschen und Situationen, die ich annehmen kann." Aber selbst wenn es nicht bei jeder Gelegenheit so einfach funktionieren sollte – bereits die Erleichterung bei Problemlösungen ist ein Schritt nach vorn auf dem Weg zu Ihren Zielen.

Profi-Tipp:

Verbessern Sie nicht nur Ihr Fachwissen und Ihre Gesprächsführung, sondern steigern Sie auch Ihre emotionale Kompetenz. Nicht nur die Gefühle des Kunden stehen für Ihr Empfehlungs-Management im Mittelpunkt, Ihre eigenen sind genauso von Bedeutung.

Wenn Sie sich gut fühlen, können Sie diese Emotion dem Kunden als Energie für das Gespräch anbieten. Lächeln Sie mal wieder. Positive Gedanken erzeugen oft ein Lächeln, und ein Lächeln kann Sie mit guten Ideen versorgen. Wenn Sie begeistert Ihre Aufgaben erfüllen, dann wirkt sich das nicht nur auf Ihren Gesprächspartner aus. Auch sich selbst tun Sie dadurch sehr viel Gutes.

Impuls:

Ihre Gedanken dazu:

Kommunikation: Kein Problem, sondern die Lösung

Reden lernt man nur durch reden. Sich und andere zu verstehen lernen wir nur durch den Austausch mit anderen Menschen. Die Lösung unserer Probleme, den Weg zu unseren Zielen, können wir niemals ganz allein finden. Wir brauchen immer auch andere Menschen und diese brauchen uns. Der Weg zum Erfolg führt über andere zu uns. Sie machen Ihre Kunden erfolgreich, indem Sie ihnen dabei helfen, Probleme zu lösen oder Wünsche zu verwirklichen. Sie unterstützen Ihre Mitarbeiter bei deren Karriere und haben so Anteil am Erfolg.

Impuls:

Ihre Gedanken dazu:

_____

_____

Heute die Zeit nutzen

Jeder Tag ruft uns entgegen: „Nutze mich für Deinen Erfolg. Handle zu Deinem und zum Nutzen anderer Menschen. Gehe klug mit Deiner Lebenszeit um. Ich kann Dich, als Dein Heute, nur einmal begleiten. Wenn wir beide unser Bestes geben, so wird es gelingen."

Impuls:

Ihre Gedanken zu den heutigen Chancen:

_____

_____

Beziehungsaufbau:
Ihre 21 Erfolgs-Impulse auf einen Blick

1. Persönlichkeit plus Leistung = Empfehlungs-Energie.

2. Die Menschen in eine erfolgreiche Zukunft begleiten.

3. Jeder Kontakt bedeutet Erfolg.

4. Jeder, der heute „Nein" sagt, kann morgen schon „Ja" sagen.

5. Es muss einfach gehen, sonst geht es einfach nicht.

6. Lieber nicht: Für Adressen Kunden erpressen.

7. Empfehlungen sind die Anerkennung für gute Leistungen.

8. Erfolgs-Wunsch: Menschen und Aufgaben kennen lernen.

9. Eine empfehlenswerte Persönlichkeit ist ein Garant für den Erfolg.

10. Nur wer selbst brennt, kann andere entzünden.

11. Verantwortung tragen für das eigene Empfehlungs-Management.

12. Was man denkt, strahlt man auch aus.

13. Die Hauptaufgabe: Kontakte aufbauen und Beziehungen pflegen.

14. Täglich steigern: Kontakt-Begeisterung und Kontakt-Fitness.

15. „Nur vom Nutzen wird die Welt regiert." (Friedrich Schiller)

16. Mit Konsequenz erfolgreich sein.

17. Der wertvollste Gesprächspartner – für Ihre Kunden und deren Kontakte.

noch: Beziehungsaufbau: Ihre 21 Erfolgs-Impulse auf einen Blick

18. Wo die Angst liegt, ist der Weg. Mutig auf die Menschen zugehen.

19. Mit Liebe zu den Aufgaben geht's leichter.

20. Kommunikation ist kein Problem, sondern die Lösung.

21. Heute die Zeit nutzen.

3. Dank löst Empfehlungen aus

Um sich bei Ihren Kunden für die ausgesprochenen Empfehlungen zu bedanken, haben Sie viele Möglichkeiten. Prinzipiell ist alles in Ordnung, was dem Kunden eine kleine Freude bereitet. Aus dem persönlichen Gespräch heraus verfügen Sie bereits über einige persönliche Details. Vielleicht geht er gern italienisch essen oder ins Theater. Es könnte sein, dass er ein Tennis-Fan ist oder sich komplett dem Fußball verschrieben hat und jedes Wochenende die Bundesliga verfolgt. Finden Sie heraus, welche Vorlieben Ihre Kunden haben und koppeln Sie daran ein Dankeschön. Hier einige Beispiele für „Dankes-Aktionen".

- Sie laden Ihren Kunden zum Essen ein oder schenken ihm einen Gutschein für ein Abendessen mit seiner Frau. Dieser Abend wird Ihren Kunden in guter Erinnerung bleiben. Weitere Empfehlungen werden folgen.

- Verschenken Sie Theaterkarten für ein Stück, das Ihr Kunde besonders gern erleben möchte. Sie merken: Der Small Talk ist ein professionelles Instrument für Kundennähe, um den Kunden angenehm zu überraschen, ihm originell „danke" zu sagen.

- Laden Sie Ihre Kunden zu einem Themenabend ein, an dem es um genau seine Interessen geht, die mit Ihren Produkten und Dienstleistungen im direkten Zusammenhang stehen. Zu dieser Veranstaltung kann er einige seiner Bekannten, Verwandten, Freunde und Kollegen mitbringen. Service schafft spontan Neu-Kontakt.

■ Schenken Sie ihm ein gutes Buch, zum Geburtstag einen Blumenstrauß und zwischendurch einen schönen Kugelschreiber mit Ihrer Telefonnummer. Sagen sie Ihrem Kunden, dass er einen netten Freundeskreis hat. Loben Sie ihn ehrlich für seinen Einsatz und für seine Empfehlungen.

■ Sorgen Sie dafür, dass Ihr Kunde immer über eine gewisse Anzahl Ihrer Visitenkarten verfügt, die er mit den entsprechenden Begleitworten an sein Kontakt-Netz weiterleitet. Spendieren Sie ihm ein kleines Kästchen dafür, das er auf seinem Schreibtisch platzieren kann. Denken Sie auch an die Kunden Ihrer Kunden. Auch diese Menschen brauchen bestimmt Ihre Dienstleistung und möchten Ihre Kunden werden.

■ Selbstverständlich gibt es auch die Möglichkeit, Ihren Kunden am Umsatz zu beteiligen, der durch seine Empfehlungen entstanden ist. Ihn schon einmal an eine Provision zu gewöhnen, die in einiger Zeit größer ausfallen kann als sein aktuelles Gehalt, das ist der erste Schritt für viele Network-Unternehmen.

4. Small Talk: Beziehungsaufbau nebenbei

Beim Small Talk handelt es sich um eine Gesprächskultur auf der Gefühls- und Beziehungsebene. Man kommt miteinander ins Gespräch, redet über „Gott und die Welt" – und das mit einer Flexibilität für Themen und Personen. Gute Gesprächspartner werden wesentlich leichter und mehrfach weiterempfohlen als Langweiler oder Leute, die auch nach dem Beratungsgespräch noch weitere 176 Vorteile ihrer Produkte in die Kundenohren stopfen möchten. Weniger ist oft mehr.

Stellen Sie Ihren Kontaktpartnern ein paar offene Fragen. So kommen Sie in jedes Gespräch gut hinein. Führen Sie den Small Talk so, dass der andere auch von sich und seiner Sicht der Dinge erzählen kann. Geben Sie dem Kontaktgespräch Raum und Zeit. Achten Sie darauf, den anderen wirklich zu verstehen. Haben Sie gern den Ehrgeiz, in jeder Begegnung Transparenz zu schaffen. Beenden Sie jede Art von Small Talk mit ein paar netten Worten des Dankes, so knüpfen Sie beim nächsten Kontakt an die gute Atmosphäre wieder an. Hier ein paar Fragen, die einen Einstieg erleichtern können:

■ „Seit wann kennen Sie den Gastgeber schon? Wie haben Sie sich damals kennen gelernt?"

Eine offene Frage, die immer von Interesse ist, weil Sie erfahren, wie Menschen sich kennen lernen.

■ „Ich möchte mich kurz vorstellen. Ich bin Roland Arndt und trainiere die Mitarbeiter der FIX AG von Herrn Meyer-Severing."

Sie stellen sich einfach vor. Der andere wird es Ihnen gleichtun. Und schon sind Sie wieder dran, nachzufragen und das Gespräch weiter zu vertiefen.

■ „Sie wirken sehr sympathisch auf mich. Darf ich mich kurz vorstellen, ich bin Helmut Stadelmann."

Manchmal können wir auch mit einem ehrlichen Kompliment beginnen, geben Sie immer Ihr Bestes, Ihre Persönlichkeit.

5. Gründen Sie Ihren „Erfolgs-Club"

Schaffen Sie sich ein Kontaktnetz von besonderer Güteklasse. Sieben (fünf bis zehn) Menschen setzen sich an einen Tisch und beschließen, sich ab sofort per Telefon mit Ideen und Impulsen zur Seite zu stehen. Das sieht im Alltag recht einfach aus.

Jeder erhält sämtliche Telefonnummern der anderen Teilnehmer. Jeder stellt sich mit seiner Kernkompetenz vor, und dann werden einfache Spielregeln vereinbart. Wenn Herr Müller eine Frage hat oder für ein bestimmtes Projekt eine Idee benötigt, dann kann er eine Person oder mehrere aus dem Erfolgs-Club anrufen und ihm innerhalb von 30 Sekunden sein Anliegen schildern. Dann läuft die Zeit für den Angerufenen. Er ist nun gefordert, in maximal zwei Minuten so viele Ideen und Impulse zu dem vorgestellten Thema zu entwickeln wie möglich.

Selbstverständlich darf dieses kurze Telefonat mit dem Tonband aufgezeichnet werden, damit der Anrufer nicht zur Schnellschreib-Bestie werden muss. Anschließend kann er ganz in Ruhe auswerten, die besten Ideen verwenden und bei Bedarf weitere „Mitglieder" anrufen. Es versteht sich von selbst, dass alle Teilnehmer sämtliche Unterlagen der anderen über deren Unternehmen/Beruf besitzen und sich gegenseitig weiterempfehlen.

Profi-Tipp:

Machen Sie das doch zumindest mit einer anderen Person, die Sie schätzen. Sie denken gegenseitig täglich 15 Minuten für den anderen nach, welche Kontakte Sie ihm erschließen können. Im Laufe eines Jahres ergeben sich viele Ansätze für Aufträge und weiterführende Kooperationen.

Impuls:

Wer kommt für eine solche Austauschgemeinschaft in Frage?

....

....

Wen rufen Sie gleich an, um ihn darauf anzusprechen?

....

....

6. Spontan-Empfehlungen mit Kooperationspartnern

Suchen Sie sich Kooperationspartner, die Sie ständig spontan weiterempfehlen.

Für einen anderen Menschen scheint es immer leichter, Sie und Ihr Geschäft ins Gespräch zu bringen, als für Sie selbst. Und es macht Spaß, wie mir eine Vermögensberaterin in einem meiner Empfehlungs-Seminare berichtete:

Beispiel:

„Ich habe eine Kundin, die sich als Friseurin selbstständig gemacht hat. Eine tolle Frau. Kontaktfreudig, attraktiv, eine angenehme Stimme, ausgestaltet mit dem, was wir Charisma nennen. Sie kann vor allem sehr gut zuhören und weiß auch nach Wochen noch, was die Kundinnen ihr erzählt haben. Sie knüpft also genau dort wieder an, wo die Informationen beim letzten Termin endeten. Diese Friseurin hätte ich am liebsten als Mitarbeiterin gewonnen, weil sie eine besonders empfehlenswerte Persönlichkeit ist. Aber Friseurin ist ihr Traumberuf, und der soll es auch bleiben. Sie hat sehr viele Stammkundinnen. Und diese empfehlen sie immer wieder an alle möglichen Leute weiter, die dann bei ihr im Geschäft anrufen, um einen Termin zu vereinbaren.

Eines Tages kam ich auf die Idee, sie zum Essen einzuladen. Wir saßen bei einem Glas Wein und gegrillten Scampis und unterhielten uns über eine mögliche Zusammenarbeit. Dabei wurde uns klar, dass jeder, der zum Friseur geht, eigentlich auch Ziele haben müsste, die mit Geld zu tun haben. Das heißt, viele ihrer Kunden kämen für meine Dienstleistung in Frage. Denn als Vermögensberaterin helfe ich Menschen und Unternehmen, finanzielle Ziele schneller und sicher zu erreichen. Und meine Kunden gehen auch ab und zu zum Friseur, so dass ich von dieser Super-Friseurin vorschwärmen kann.

Wir wurden uns einig und vereinbarten per Handschlag eine feste Kooperation. Die Friseurin sprach mit ihren Stammkundinnen immer auch von Zeit zu Zeit über das Thema Geld. Dann fügte sie ein, dass eine gute Freundin von ihr Vermögensberaterin ist und ihr sehr wertvolle Tipps geben konnte. Dann empfahl sie ein Gespräch mit mir. Wenn die Kundinnen dann an der Kasse für ihre perfekte Frisur bezahlten, sagte sie: „Ach, Frau Martens, ich hatte Ihnen ja noch die Visitenkarte von meiner Freundin, der Vermögensberaterin, versprochen. Wenn Sie von mir grüßen, bekommen Sie sicherlich noch schneller einen Termin. Sie werden begeistert sein ..."

Besser konnte sie mich gar nicht ins Gespräch bringen. Das Telefon klingelte täglich im Schnitt allein viermal durch die Empfehlungen meiner Friseurin. Aber auch ich konnte einige meiner Kunden dazu anregen, einen Friseurtermin zu vereinbaren. Wir fühlen uns richtig gut mit unserer Zusammenarbeit, weil wir beide davon profitieren."

Auch beim Aufbauen von Beziehungen ist der erste Schritt der Wichtigste. Ohne den Anfangs-Kontakt mit seinen ersten Eindrücken gelangen wir gar nicht weiter.

Die Autorin Ulrike Wikner beschreibt in ihrem Buch „Networking" eine einfache, fast selbstverständliche Vorgehensweise, die immer noch für viele Menschen eine Überforderung darstellt. Aktives Networking bedeutet, die Fähigkeit zu entwickeln,

- auf andere Menschen zuzugehen,

- sich selbst und die eigene berufliche Tätigkeit vorzustellen,

- ein Gespräch zu beginnen,

- das Gespräch am Laufen zu halten,

- einen guten Abschluss zu finden,

- einen Aufhänger zu haben, um erneut anzurufen.

7. Der Weg ist das Ziel

Wenn Sie das Buch bis hierhin gelesen haben, sind wir ein Stück des Weges gemeinsam gegangen. Sie sind sich auf einigen Seiten bestimmt selbst noch intensiver begegnet. Fördern Sie sich selbst als die wichtigste Führungskraft in Ihrem Leben. Bauen Sie Kontakte und Beziehungen auf, und entwickeln Sie durch die vielen Gespräche und Empfehlungen anderer Menschen Ihr persönliches Kontakt-Universum, beruflich und privat.

Um Ihnen zu helfen, die für Sie wichtigsten Impulse dieses Buches noch einmal klar vor Augen zu sehen, haben Sie hier die Gelegenheit, Ihre Gedanken noch einmal zusammenzufassen.

Impuls:

Meine wichtigsten Punkte aus diesem Buch, die ich für mich und unser Unternehmen umsetzen werde:

1. ....

....

2. ....

....

3. ....

....

Wenn Sie möchten, schicken Sie mir gern Ihre drei wichtigsten Punkte in Kopie zu. Dann geben Sie mir ebenfalls ein konstruktives Feedback über das Angebot in diesem Buch und Ihre Meinung dazu. Im Mittelpunkt steht Ihr Erfolg. Und wir alle wissen, dass es wirksamer ist, drei Punkte permanent umzusetzen, als hundert Aspekte zu kennen, aber sich vor Überangebot nicht entscheiden zu können. Lieber unperfekt gehandelt, als perfekt (vielleicht für immer) aufgeschoben.

Alle guten Wünsche für Sie und die Menschen, die Ihnen wichtig sind.

Beratung – Training – Coaching

Roland Arndt, Jahrgang 1950, wurde zu einem der erfolgreichsten Trainer und Referenten in Deutschland. Selbst-Motivation und Selbst-Führung sowie die Steigerung der Kontakt-Fitness stehen im Mittelpunkt seiner Seminare und Coachings.

Seine Hauptthemen:

- **Telefontraining**
  Beziehungs-Aufbau und Verkauf über das Telefon

- **Empfehlungs-Management**
  Kunden verhelfen Ihrem Unternehmen zur Expansion

- **Einzel- und Team-Coaching**
  Durchbruch zu Spitzenleistungen

Weitere Informationen erhalten Sie bei:

Roland Arndt
Unternehmens-Erfolg
Fliederbusch 22
D-23843 Oldesloe
Tel.: 0 45 31 – 6 71 75
Fax: 0 45 31 – 6 72 79
Internet: www.roland-arndt.de
E-Mail: roland-arndt@t-online.de

Literaturhinweise

Arndt, Roland: Erfolg nach eigener Regie. Verlag Fit for business

Ders.: Erfolgreich – in jeder Beziehung. Erfolg21.de Verlag

Ders.: Geschäftsfreundschaften. mvg-Verlag

Ders.: Das neue Zeitbewusstsein. Rentrop-Verlag

Berner, Hans-Günter: An vollen Töpfen verhungern.
    Promedico-Verlag

Ders.: Blackout passè. Promedico-Verlag

Enkelmann, Claudia E.: Mit Liebe, Lust und Leidenschaft zum
    Erfolg. Metropolitan Verlag

Enkelmann, Nikolaus B./Arndt, Roland: Das Enkelmann-Seminar:
    Power-Training. Metropolitan Verlag

Dies.: Das Enkelmann-Seminar: Der erfolgreiche Weg.
    Metropolitan Verlag

Enkelmann, Nikolaus B.: Das Power-Buch für mehr Erfolg.
    mvg-Verlag

Seiwert, Lothar J.: Wenn Du es eilig hast, gehe langsam.
    Campus Verlag

Ders.: Life Leadership. Campus Verlag

Wikner, Ulrike: Networking. Krick Fachmedien

Stichwortverzeichnis

Stichwortverzeichnis

www.metropolitan.de